ALEXANDER
DER GROSSE

Für Julie und Théo
Marithé

*Für den kleinen Alexandre
und seinen großen Bruder Antoine*
Christian

Bibliografische Information Der Deutschen Bibliothek
Die Deutsche Bibliothek verzeichnet diese Publikation
in der Deutschen Nationalbibliografie;
detaillierte bibliografische Daten sind im Internet
über http://dnb.ddb.de abrufbar.

ISBN 3-7855-4671-8 – 1. Auflage 2003
© 2002 Éditions Gallimard-Jeunesse, Paris
Titel der Originalausgabe *Sur les traces de ... Alexandre le Grand*
© für die deutschsprachige Ausgabe 2003 Loewe Verlag GmbH, Bindlach
Aus dem Französischen übersetzt von Ingrid Ickler
Umschlagillustration: Christian Heinrich
Umschlagfoto: Leuchtturm von Alexandria, Bronzemünze,
Regierungszeit des Commodus. Französische Nationalbibliothek, Paris
Umschlaggestaltung: Andreas Henze
Printed in Italy

www.loewe-verlag.de

ALEXANDER
DER GROSSE

Das Leben des antiken Herrschers

erzählt und illustriert von

Marie-Thérèse Davidson und Christian Heinrich

Aus dem Französischen übersetzt von

Ingrid Ickler

ALEXANDER
DER GROSSE

MAKEDONIEN

THRAKIEN

Pella

SCHWARZES
MEER

KAUKASUS

HELLESPONT

GRIECHEN-
LAND

Troja

Gordion

Theben

Graníkos

Athen

ARMENIEN

KLEINASIEN

RHODOS

Gaugamela

MITTELMEER

Issos

ZYPERN

SYRIEN

MEDIE

TIGRIS

Ekbatan

PHÖNIKIEN

Alexandria
in Ägypten

Sidon

Tyros

Pelusa

Babylon

Memphis

Gaza

EUPHRAT

Amun-
tempel

ÄGYPTEN

ARABIEN

NIL

□ Alexandria

★ Schlacht

—— Hinweg

—— Rückweg Alexanders

– – – Rückweg des Krateros

········ Rückweg des Nearchos

ALEXANDERS Feldzug beginnt im Jahr 334 v. Chr. Nachdem er 336 v. Chr. König von Makedonien geworden ist und seine Vorherrschaft zunächst in Griechenland gesichert hat, bricht er nach Asien auf. Von dort wird er nicht mehr lebend zurückkehren. Er beendet seinen Feldzug 326 v. Chr. in Indien und stirbt auf dem Rückweg 323 v. Chr. in Babylon.

KASPISCHES MEER

SKYTHEN

SKYTHEN

OXUS

Marakanda

SOGDIANE

HYRKANIEN

Baktra

INDISCHER KAUKASUS (HINDUKUSCH)

Hekatompylos

PARTHIEN

AREIA

BAKTRIEN

GANDHARA (KANDAHAR)

Schlacht gegen Poros

Alexandria Bukephala

KOSSER

ARACHOSIEN

HYDASPES

Susa

MALLER

Götterstatuen Alexanders

Persepolis

PERSIEN

RSISCHER GOLF

KARMANIEN

GEDROSIEN

INDUS

INDIEN

Pura

Abschied von Europa

Alexander steht am **Bug** des **Flaggschiffs** der makedonischen Flotte, die Augen fest auf das vor ihm liegende Ufer gerichtet, das sich immer klarer am Horizont abzeichnet. Ohne den Kopf zu drehen, flüstert er seinem Freund mit vor Stolz zitternder Stimme zu: „Sieh nur, Hephaistion! Asien! Endlich habe ich es geschafft: Ich bin der Nachfolger des **Achilles**, Griechenlands neuer Held!"

„Die Griechen, die Griechen ...", murrt Hephaistion, „viele sind es nicht, die uns freiwillig folgen!"

„Ich weiß, sie mögen uns nicht besonders. Vor kurzem haben uns einige noch für Barbaren gehalten. Als ich vor zwei Jahren nach der Ermordung meines Vaters König **Makedoniens** wurde, nannte mich Demosthenes, der Athener, noch spöttisch ‚kleiner Mann'. Aber diese Zeiten sind vorbei, die Griechen haben gelernt, wer der Stärkere und damit zu Recht König ist."

Damit wendet sich Alexander um und weist mit einer ausladenden Geste auf die unzähligen Segel, die sich gegen den Himmel abheben.

Bug: der vordere Teil eines Schiffes.
Flaggschiff: Auf ihm befindet sich der Führer der Flotte.
Achilles: Halbgott, tapferster Kämpfer im Trojanischen Krieg und Held von Homers *Ilias*.
Barbaren: für die Griechen alle Völker, die nicht Griechisch sprechen und bei denen keine Demokratie herrscht.
Makedonien: Land in Nordgriechenland. Die Makedonier sprechen zwar Griechisch, werden aber von einem König regiert.

Hephaistions Blick ist der Bewegung seines Freundes gefolgt: Auf dem glitzernden Meer gleiten 160 **Trieren** und 40 Handelsschiffe dahin, die 30 000 Fußsoldaten und 4 000 Reiter tragen. Die Griechen stellen nicht einmal ein Viertel dieser riesigen Armee; der größte Teil der Soldaten kommt aus Makedonien und von seinen unruhigen Verbündeten aus dem Norden. In Darius' Armee dagegen dienen viele Griechen – manche sprechen von 50 000 Mann –, die sich aus Hass auf Alexander oder aus Geldgier auf die Seite des Perserkönigs geschlagen haben. Denn gilt der Großkönig nicht als unermesslich reich?

Hephaistions Blick wandert zurück zu Alexander, der sich wieder in den Anblick der näher kommenden Küste vertieft hat. Aber ob er sie wirklich wahrnimmt? Er lächelt gedankenverloren.

Es ist wahr, dass die Griechen nach dem Tod von Alexanders Vater Philipp die Verträge, die sie an Makedonien banden, schnell vergessen hatten. Ach, diese Griechen! Immer in Aufruhr, immer zerstritten! Mal gewann die eine, mal die andere Stadt die Oberhand, aber nie für lange. Durch diese Kleinkriege fehlte ihnen ein gemeinsames Ziel. Die Griechen von heute hatten nichts mehr gemein mit den Siegern von **Troja** oder den Helden der Medischen Kriege. Dagegen verfolgte Philipp von Makedonien ein großes Ziel: den Krieg gegen die Perser. Er sah seine Aufgabe darin, die von den Persern besetzten griechischen Städte in Asien zu befreien. Um sein Ziel zu erreichen, hatte er seine Armee grundlegend **reformiert** und sie so zu

Triere: schnelles, wendiges Kriegsschiff mit drei Ruderreihen.
Trojanischer Krieg, Medische Kriege: Die Griechen gewannen in Kleinasien den Trojanischen Krieg (halb Wahrheit, halb Legende) und im 5. Jh. v. Chr. die Medischen Kriege gegen die Perser.
reformieren: erneuern, umgestalten.

einer unbesiegbaren Streitmacht aufgebaut. Danach gelang es ihm, zum obersten General der Griechen gewählt zu werden.

Jetzt hat Alexander als würdiger Nachfolger seines Vaters die Führung der Griechen übernommen! Und er will es noch weiter bringen als Philipp!

Hephaistion deutet das nun breiter werdende Lächeln auf den Lippen des jungen Königs falsch: „Denkst du daran, wie du die Griechen gezähmt hast?"

„Nein, daran denke ich nicht mehr. Ich erinnere mich nicht gerne an die Zerstörung Thebens, auch wenn sie mir die Unterwerfung der Griechen gesichert hat. Das alles hätte nicht passieren müssen, wenn die Thebaner sich nicht mit den Persern verbündet hätten ... Aber selbst dann, wenn sie nicht so dickköpfig gewesen wären, wenn sie mich um Verzeihung gebeten hätten, ich hätte sie ihnen gerne gewährt. Zu spät. Für die Griechen aber war das auf jeden Fall ein warnendes Beispiel ...

Die Bilder der Plünderung Thebens treten ihnen wieder vor Augen. Nachdem sie in die Stadt eingedrungen waren, waren die Soldaten wie entfesselt gewesen. Weder Frauen noch Kinder noch Alte hatten sie verschont. Selbst diejenigen, die sich in den **heiligen Stätten** versteckt hielten, wurden getötet.

Schließlich wurde die Stadt komplett zerstört und die überlebenden Thebaner als Sklaven verkauft. Nur wenigen gelang die Flucht. Ihre Erzählungen über die Grausamkeiten der Makedonier bei der Plünderung Thebens nützten Alexander, denn jetzt verstanden die Griechen, dass es besser war, sich mit dem Makedonier gut zu stellen.

Heilige Stätte: Tempel, einem Gott geweihter Ort. Wer sich dort aufhält, steht unter göttlichem Schutz.

Grausam oder nicht, er hatte Recht gehabt! Sollte man sich mit einem solchen Ziel vor Augen vom Mitleid leiten lassen? Alexander sucht Hephaistions Blick. Der aber schaut zurück zu der immer kleiner werdenden griechischen Küste.

„Woran denkst du?", fragt Alexander.

„An unsere Berge, an unsere gemeinsamen Märsche ... Erinnerst du dich noch?"

„Natürlich. Wer weiß, ob wir diese Berge jemals wieder sehen werden?"

Auf Hephaistions Gesicht liegt ein wehmütiges Lächeln.

„Jetzt sind wir gerührt, aber als uns der alte Leonidas damals mitten in der Nacht weckte, um zu trainieren ... Wie haben wir die Strapazen verflucht!"

Die beiden jungen Männer lachen. Die makedonische Erziehung war wirklich hart, denn aus ihnen sollten einmal perfekte Krieger werden. Schließlich sollten sie später die Armee führen!

„Auf dich hatte er es besonders abgesehen, um deinem Vater zu gefallen", erinnert sich Hephaistion.

„Und unsere armen Mütter, die uns unser Schicksal versüßen wollten. Kuchen, Süßigkeiten – alles nahm er uns weg!"

Beide schweigen jetzt, denn bei der Erinnerung an ihre Mütter wird ihnen schwer ums Herz. Alexander liebte seine Mutter Olympias über alles. Liegt ihre Kindheit tatsächlich schon so weit zurück? Sie sind doch erst 22 Jahre alt. Alexander bricht das Schweigen: „Aber bei aller Quälerei – das Lesen konnten sie uns nicht verbieten, auch wenn mein Vater das wollte."

„Stimmt. Die Bücher waren unsere einzige Abwechslung. Hab Dank, **Homer**!"

„Mach dich nur lustig! Von meiner *Ilias* kann ich mich noch heute nicht trennen."

„Ich meine es ernst", antwortet Hephaistion. „Du bist der neue Achilles, das hast du selbst gesagt. Ich werde versuchen, dein **Patroklos** zu sein!"

Gerührt fallen sich die beiden Freunde in die Arme. Doch in diesem Moment werden die Töne der Flöte, die den Ruderern den Takt angibt, schneller und reißen sie aus ihren Gedanken. Die Triere dreht bei, das Ufer ist erreicht!

Alexander greift nach seinem Speer, springt an Land und bohrt ihn tief in die Erde. Die Soldaten jubeln ihm begeistert

Homer: Verfasser der *Ilias* und der *Odyssee*, zweier zentraler Werke der griechischen Literatur. **Patroklos:** der treueste Freund von Achilles. Sein Tod versetzte Achilles in unbändige Wut.

zu. Sie sind stolz auf ihren Führer. Alexander wird dieses Land bald beherrschen, da sind sie sich sicher, niemand wird seiner Macht widerstehen!

Der König wendet sich ihnen mit glänzenden Augen zu. Mit einer solchen Armee wird er die ganze Welt besiegen!

Aber Alexander weiß, dass er auch die Unterstützung der Götter braucht. Deshalb lässt er am Ufer einen Altar für **Zeus**, den Schutzherrn der Seefahrer, und zwei weitere für **Athene** und für **Herakles** aufstellen und bringt ihnen Opfer dar. Danach begibt er sich mit seiner **Leibgarde** zum Tempel der Athene nach Troja, um der Göttin seine Waffen zu opfern. Unterdessen geht der Rest der Armee unter der Führung seines Feldherrn Parmenion an Land.

Als Gabe Athenes empfängt Alexander einen goldenen Schild, den man der Göttin, so heißt es, während des Trojanischen Krieges geopfert hat. Alexander lässt ihn von seinen Leibwächtern vor sich hertragen. Danach besucht er das Grab des Achilles, auf dem er eine goldene Krone niederlegt. Hephaistion tut das Gleiche am Grab des Patroklos und spricht in feierlichem Ton: „Du wirst Großes vollbringen, mein König, die Götter sind meine Zeugen!"

Alexander antwortet ihm nachdenklich: „Doch wer wird nach meinem Tod meinen Ruhm besingen? Wer wird mein Homer sein?"

Zeus: höchster griechischer Gott. Er wurde in vielen Fällen um Hilfe gebeten.
Athene: Tochter des Zeus, Göttin des Krieges und der Vernunft.
Herakles (oder Herkules): Sohn des Zeus. Dieser Held stieg nach seinem Tod zum Gott auf.
Leibgarde: Ein Ehrentitel für die engsten Kampfgefährten des Königs, alles junge makedonische Adlige.

TROJA UND DIE MEDISCHEN KRIEGE

zwischen Europa und Asien dienen Alexander als Vorbilder für seinen Feldzug. Während der von Homer erzählte Trojanische Krieg ins Reich der Legenden gehört, sind die Medischen Kriege historisch belegt. In ihnen stehen sich im 5. Jh. v. Chr. Griechen und Perser gegenüber.

Der Thermopylenpass in Griechenland

Hektors Leichnam, über dem Patroklos' Schatten schwebt.

Griechischer Fußsoldat

Der Trojanische Krieg

Die Griechen unter der Führung König Agamemnons rächen die Entführung Helenas durch den Trojaner Paris. Der herausragendste trojanische Kämpfer ist Hektor.

Hektor tötet **Patroklos**, den besten Freund des Achilles. Achilles tötet Hektor und schleift ihn hinter seinem Wagen um die Mauern Trojas.

Erster Medischer Krieg

Als unter den von Persien beherrschten griechischen Städten in Asien ein Aufstand ausbricht, entsendet Athen Truppen zu ihrer Unterstützung. Der persische Großkönig Darius I. startet daraufhin einen Rachefeldzug, wird aber 490 v. Chr. bei Marathon vernichtend geschlagen.

Achilles schleift Hektors Leichnam hinter sich her.

„ICH BIN DER WAHRE NACHFOLGER DES ACHILLES, GRIECHENLANDS NEUER HELD."

Zweiter Medischer Krieg

Xerxes, Darius' Sohn, zieht eine riesige Armee und eine gewaltige Flotte zusammen. Am Thermopylenpass leistet das spartanische Heer zwar erbitterten Widerstand, muss sich jedoch geschlagen geben. Die Athener locken die persische Flotte daraufhin in die enge Bucht von Salamis, wo sie 480 v. Chr. unterliegt. Der Krieg endet 479 v. Chr. mit dem Sieg der Griechen.

Kampfszene zwischen einem Griechen und einem Perser

Alexander: Erbe großer Kämpfer

Als Alexander 334 v. Chr. den Hellespont überschreitet, folgt er damit nicht nur den Kriegsherren der Medischen Kriege, sondern auch den Helden des Trojanischen Krieges: Achilles (angeblich einer seiner Vorfahren) und Agamemnon, dem Führer der griechischen Könige.

Erste Schlachten

Fortuna steht wirklich auf Alexanders Seite! Sie macht die Perser blind für die Gefahr, die von ihm ausgeht. Darius versucht nicht einmal, die Landung der makedonischen Truppen in **Kleinasien** zu verhindern, so wenig fürchtet er Alexander. Doch die Armee des „kleinen Königs" ist viel größer als erwartet!

Memnon von Rhodos, Darius' brillianter Feldherr, will es nicht auf eine Schlacht mit den Makedoniern ankommen lassen. Er versucht, den Großkönig davon zu überzeugen, auf eine direkte Auseinandersetzung zu verzichten und stattdessen die Ernte zu vernichten, um Alexanders Soldaten auszuhungern. Doch sein Vorschlag wird entschieden abgelehnt. Dabei ist er wirklich gut! Aber Fortuna wacht weiter über Alexander ...

So treffen die beiden feindlichen Armeen am Fluss Granikos aufeinander. Die Perser haben sich entlang des Flusses aufgestellt und erwarten den Angriff der Makedonier. Alexander befiehlt seinen Männern, sich in Kampfformation aufzustellen, als Parmenion, sein erfahrener Feldherr, zu bedenken gibt: „Mein König, es wird nicht leicht sein, den Fluss zu überque-

Fortuna:
Göttin des Glücks.
Kleinasien:
heute der asiatische Teil der Türkei.

ren, und unsere Truppen werden es schwer haben, eine stabile Kampflinie zu bilden. Die persischen Reiter werden sie ohne Schwierigkeiten niedermetzeln! Lasst uns lieber die Morgendämmerung abwarten und den Feind überraschen."

„Das alles weiß ich, Parmenion", antwortet ihm Alexander verärgert. „Aber wenn ich vor jedem Wassertropfen Halt mache, stärke ich nur die Kampfmoral der Perser!"

Dann schickt er Parmenion an die linke Seite, er selbst führt die rechte Seite. An die Spitze stellt er die Reiter und die leichte **Infanterie**, in die Mitte die schwer bewaffnete **Phalanx**.

Am anderen Ufer konzentrieren sich die überlegenen persischen Reiter auf Alexander, der in seiner Rüstung gut zu erkennen ist.

Phalanx:
schwer bewaffnete Gruppe von Fußsoldaten mit Schilden, Brustpanzern und Speeren.
Infanterie:
Fußtruppe.

Einen Moment lang herrscht Stille. Die Soldaten wissen nicht, was nun geschehen wird. Dann aber stößt Alexander einen Kampfschrei aus, der von seiner ganzen Armee übernommen wird, und stürzt sich an der Spitze der rechten **Flanke** in den Fluss. Er versucht, der Strömung zu folgen, um dem Feind eine möglichst lange Kampflinie entgegenzustellen. Die Perser lassen einen Pfeilregen auf die Makedonier niederprasseln. Alexanders Reiter befinden sich in einer schlechten Position; ihre Lanzen können gegen die persischen Speere nichts ausrichten, und der glitschige Grund des Flusses bietet ihnen keinen Halt.

Flanke: Seite eines Truppenverbandes.

So bringt der erste Angriff große Verluste. Aber Alexander lässt sich nicht aufhalten. Er sammelt seine Männer wieder und kämpft weiter. Selbst die Reiter kämpfen nun Mann gegen

Mann, Pferd an Pferd. Alexander scheint überall zur gleichen Zeit zu sein und wird mehrere Male leicht verletzt.

Nun wendet sich das Blatt, die Makedonier sind überlegen! Ihren Reitern gelingt es, bis ans Ufer vorzustoßen, und sie schlagen eine Schneise in die persischen Linien, durch die die Fußsoldaten vorrücken können. Das ist der Sieg! Alexander lässt die persische Kavallerie fliehen und macht nur die Infanterie nieder, die hauptsächlich aus Griechen besteht. Von 20 000 griechischen **Söldnern** werden lediglich 2 000 Männer gefangen genommen.

Söldner: fremde Soldaten, die für das Geld (Sold) kämpfen.
Noble: schwer bewaffnete Reiter und Fußsoldaten, die aus den wohlhabendsten Familien stammen.

Am gleichen Abend versammeln sich die Generäle und die Offiziere im Zelt des Königs.

„Wie hoch sind die Verluste auf unserer Seite?"

„Beim ersten Angriff haben wir 25 **Noble** verloren, dazu mehr als 60 Reiter und ungefähr 30 Fußsoldaten."

Gewiss, die Verluste sind nicht hoch, aber Alexander senkt traurig den Kopf, denn der Tod seiner Noblen schmerzt ihn sehr.

„Gleich morgen sollen zum Zeichen ihrer Tapferkeit Statuen von ihnen angefertigt und hier aufgestellt werden", beschließt er. „Was die anderen Soldaten angeht, so sollen sie mit ihren Waffen bestattet werden. Ihre Familien in Makedonien sind von nun an von der Steuer befreit. Und der Feind?"

„Mehrere persische Generäle sind getötet worden, darunter auch einige Verwandte des Königs."

„Auch sie werden wir begraben. Doch ihre Waffen sollen nach Athen geschickt und dort der Göttin Athene geopfert werden."

Nach diesem überragenden Sieg ergibt sich eine Stadt Kleinasiens nach der anderen. Alexander wird nicht nur Herr über ihre Festungen, sondern beschlagnahmt auch ihre Schätze. Die griechischen Küstenstädte leisten ihm mehr Widerstand, denn sie stützen sich auf ihre persischen Soldaten und die mächtige Flotte der verbündeten Phönikier und Zyprer. Alexander weiß sehr wohl, dass er ihnen auf dem Wasser unterlegen ist, und handelt einmal mehr gegen den Rat Parmenions, der ihm ein Seegefecht vorschlägt. Er erringt seine Siege auf dem Festland. Doch ist ihm klar, dass er sich bald auch die Vorherrschaft auf See sichern muss, um Darius endgültig zu besiegen!

Nach dem Feldzug gegen die kleinasiatischen Küstenstädte schickt er seine jung verheirateten Soldaten auf Urlaub nach Makedonien, damit sie den Winter bei ihren Frauen verbringen können. Er vertraut sie Ptolemäus, einem seiner Leibwächter, an: „Wenn du im Frühjahr mit der Streitmacht zurückkehrst, bring noch mehr Truppen mit!"

„Das dürfte nicht schwierig sein. Nach deinen Siegen liebt dich das Volk, und die Männer werden mit Freude für dich kämpfen wollen!"

Alexander selbst hindert der Winter jedoch nicht daran, bis nach Gordion vorzustoßen. Dort befindet sich das berühmte **Joch**, an dem ein komplizierter Knoten befestigt ist, den noch kein Mensch lösen konnte. Es heißt, dass derjenige, dem es gelingt, den Knoten zu lösen, Herr über ganz Asien sein wird! Dieser Herausforderung kann der

Joch: Holzbalken, der dazu dient, Ochsen vor den Wagen zu spannen.

junge König nicht widerstehen. Doch der Knoten hält all seinen Bemühungen stand.

Was tun? Ohne zu zögern, zieht Alexander sein Schwert und spaltet den Knoten mit einem Hieb.

„Nun ist der Knoten gelöst!"

Zuerst sind die Soldaten überrascht, aber dann kennt ihre Freude keine Grenzen: Jetzt gibt es keinen Zweifel mehr – Alexander wird der Herrscher über ganz Asien sein!

Kurz danach trifft auch noch die Nachricht ein, dass Memnon, der einzige unter den persischen Generälen, den Alexander wirklich gefürchtet hat, gestorben ist.

Memnons Tod zwingt den Großkönig, den Krieg gegen die Makedonier selbst zu führen. Er sammelt seine im ganzen Reich verstreuten Truppen – Spione berichten, es seien 600 000 Männer – und zieht Alexander entgegen, um ihn im Sommer zu einer entscheidenden Schlacht zu treffen.

Darius lagert mit seiner riesigen Armee zuerst auf einer weiten Ebene im Norden Syriens, wo er die Makedonier zum Kampf stellen will. Doch Alexander erkrankt und lässt auf sich warten. Der Großkönig wird ungeduldig und verlässt sein Lager, um Alexander weiter in Richtung Norden entgegenzuziehen. Ein schwer wiegender Fehler, wie sich erweisen wird. Im Herbst treffen die Armeen auf einer Ebene bei Issos aufeinander.

Vor der Schlacht hält Alexander vor seinen Soldaten eine mitreißende Rede.

„Soldaten, seht selbst: Die Götter sind auf unserer Seite! Sie haben Darius eingeflüstert, die Schlacht auf dieser engen

Ebene zu schlagen, die seiner Armee nicht genug Platz bietet. Ihre zahlenmäßige Überlegenheit wird ihnen nichts nützen! Und vergesst nicht, Makedonier, dass ihr auf Männer trefft, die ihr bereits einmal besiegt habt. Es sind vom Luxus verwöhnte und verweichlichte Perser, ihr dagegen seid kampferprobte Krieger! Ihr kämpft als freie Männer gegen Sklaven, und ihr werdet siegen!"

Unter dem begeisterten Jubel, den diese Worte auslösen, lächeln sich Hephaistion und Ptolemäus an. Ihr Freund und König hat die richtigen Worte gefunden, nichts wird die Soldaten aufhalten!

Zwischen Bergen und Meer beginnt die Schlacht. Während Parmenion auf der linken Seite Probleme hat, den Angriff der gegnerischen **Kavallerie** abzuwehren, schlagen sich Alexander und seine Elitetruppen eine Schneise in die persischen Truppen und suchen den Großkönig. Auf seinem Streitwagen hält sich Darius mutig mitten im Kampfgeschehen auf, abgeschirmt von seiner Leibgarde. Doch schon bald sind die Männer, die ihn beschützen, tot, und seine Pferde brechen verletzt zusammen, sodass er den Wagen wechseln muss. Doch als sie das sehen, glauben seine Soldaten, er wolle fliehen, und treten ihrerseits die Flucht an! Darius verlässt das Schlachtfeld, und Panik bricht aus, Reiterei und Infanterie treten überstürzt den Rückzug an. Selbst die überlegene rechte Flanke der Perser muss den Kampf aufgeben, als Alexander sie angreift.

Ihre Flucht wird zur Katastrophe, denn die Perser müssen sich über enge und steinige Pfade in die Berge zurückziehen.

Kavallerie:
Reiterei.

Von den Makedoniern verfolgt, taumeln und stolpern sie und werden zu hunderten getötet. Doch die erste Gruppe der Soldaten, unter denen sich auch Darius befindet, kann entkommen.

Als die Nacht hereinbricht, muss die Verfolgung abgebrochen werden, und Alexanders Soldaten übernehmen das verlassene persische Lager. Alexander liegt gerade entspannt in Darius' Badewanne, als lautes Jammern und Wehklagen seine Aufmerksamkeit erregt. Die Geräusche dringen aus dem Nachbarzelt, in dem sich Darius' Familie befindet! Der Großkönig hat die Gewohnheit, seine ganze Familie mit aufs **Feld** zu nehmen. Auf seiner Flucht aber hat er seine Mutter Sisygambis, seine Frau Stateira und drei seiner Kinder zurückgelassen.

Feld: Ort einer militärischen Auseinandersetzung.

Als die Frauen die Makedonier ins Zelt kommen sehen, sind sie überzeugt, dass Darius tot ist und die Feinde sie in die Sklaverei verkaufen werden. Dann betritt Alexander gemeinsam mit seinem Freund Hephaistion das Zelt, und Darius' Mutter fällt vor ihnen auf die Knie und fleht um Gnade. Doch da die beiden Männer, anders als bei den Persern üblich, ein ähnliches Gewand tragen und sie sich von Alexanders geringer Körpergröße täuschen lässt, wirft sie sich Hephaistion zu Füßen!

Der tritt zur Seite und macht Platz für seinen Herrn. Verwirrt will sich Sisygambis abwenden, doch Alexander gebietet ihr zu bleiben: „Seid versichert, Mutter, auch er ist ein Alexander. Fürchtet euch nicht, wir werden euch den Respekt erweisen, der euch zusteht."

DIE ARMEE der Perser unterscheidet sich von der makedonischen Armee in wesentlichen Punkten. Beide Seiten verfügen über eine Geheimwaffe: Die Makedonier haben die Phalanx, die Perser ihre Sichelwagen. In beiden Armeen kämpfen Söldner.

Die persische Armee

Die Soldaten aus den verschiedenen Satrapien (Provinzen) kämpfen mit Bogen, Lanze und Schwert. Doch ihr Körper ist schlecht geschützt, und sie kämpfen ohne Schlachtordnung.

Skythischer Reiter

Persischer Bogenschütze

Die makedonische Phalanx

Diese Schlachtformation ist äußerst wirksam. Jeder Hoplit (Fußsoldat) schützt mit seinem Schild die rechte Körperseite seines Nebenmanns. Deshalb rückt die ganze Formation im Kampfgeschehen nach rechts vor, denn jeder Hoplit sucht den Schutz seines Nachbarn.

Sichelwagen

Die Perser setzen Streitwagen ein, die jeweils mit einem Wagenlenker und einem Kämpfer besetzt sind, so auch Darius III. in der Schlacht von Issos.

Die Schlacht von Issos: Alexander (links) steht Darius gegenüber.

Die persische Kavallerie

Sie ist sehr schlagkräftig. Unterstützt wird sie von skythischen Söldnern, Bogenschützen zu Pferde.

Die Söldner Alexanders

Diese Soldaten kämpfen gegen Lohn und Anteile an der Kriegsbeute und sind meist unter den Reitern und der leichten Infanterie zu finden. Ihre Waffen sind der Bogen und die Schleuder.

Die makedonische Kavallerie

Alexander verfügt über sehr wendige Reitertruppen, die mit Speeren und Schwertern bewaffnet sind.

Die makedonischen Waffen

Die Wirksamkeit der Phalanx beruht auch auf ihrer Ausrüstung. Die Hopliten tragen einen Rundschild mit zwei Griffen, Brustharnisch, Helm und Beinschienen. Sie kämpfen mit Schwert und Lanze.

Der makedonische Speer, „Sarissa" genannt, ist sehr lang, etwa fünf bis sechs Meter. Die ersten fünf Reihen der Phalanx halten ihn waagrecht, die letzten drei senkrecht, um die Soldaten gegen Angriffe von oben zu schützen.

Hopliten-formation

„NUN WENDET SICH DAS BLATT, DIE MAKEDONIER SIND ÜBERLEGEN!"

Brustharnisch

Das Land der Götter

Im königlichen Zelt wird fieberhaft diskutiert. Alle reden durcheinander: „Ob wir Darius gefangen nehmen können oder nicht – was macht das schon? Wir haben ihn besiegt!"

„Nein, wir dürfen ihn nicht entkommen lassen ... Er darf **Babylon** nicht erreichen!"

„Wir müssen unsere Macht in Kleinasien festigen, dann werden die Perser uns Griechenland überlassen. Was wollen wir mehr?"

„So leicht lässt sich ein Großkönig nicht in die Knie zwingen ... Solange er noch am Leben ist ... "

„Alexander, was sagst du dazu?"

Der König hat seinen Freunden schweigend zugehört. Nun teilt er ihnen seine Entscheidung mit.

„Wir werden Darius nicht davonkommen lassen, aber im Augenblick müssen wir seine Verfolgung über den Euphrat verschieben, denn hier gibt es wichtigere Probleme zu lösen. Da wäre zuerst einmal die Verwaltung der Provinzen, die wir erobert haben. Wir haben nicht genug fähige Männer, deshalb werden wir die einheimischen Beamten in ihren Ämtern belassen, so wie es

Babylon:
alte Hauptstadt Mesopotamiens im Zentrum des Perserreiches.

auch die Perser machen. Doch im Gegensatz zu ihnen werden wir auch die Bräuche und **Riten** der Menschen respektieren und keine Steuern erheben. Ihre Dankbarkeit wird uns ihre Treue garantieren! Die wichtigsten Ämter jedoch werden Makedonier übernehmen, die **Satrapen** sollen aus unserer Mitte kommen. Doch zuerst werde ich mit einigen **Talenten** der eroberten Schätze Tempel zu Ehren unserer und ihrer Götter errichten lassen. Was haltet ihr davon?"

Auch wenn sich einige darüber wundern, dass die Perser sich nicht den griechischen Bräuchen anpassen müssen, antworten alle mit zustimmendem Nicken. Ptolemäus hakt nach: „Eine gute Lösung für Kleinasien. Aber was dann?"

„Nur Geduld! Dazu komme ich jetzt. Der feindlichen Flotte darf es nicht gelingen, uns in den Rücken zu fallen. Bevor wir also nach Babylon ziehen, müssen wir sicher sein, dass die Perser über keine einzige verbündete Küstenstadt mehr verfügen, um einen Gegenangriff zu wagen. Deshalb werden wir erst die phönikischen und zyprischen Küstenstädte unterwerfen und dann nach Ägypten ziehen."

Die Männer sehen sich an: Ägypten! Das Land der Götter und Gelehrten!

Der Marsch entlang der phönikischen Küste ist ein Triumphzug. Alexanders Ruf eilt ihm voraus, und alle Städte unterwerfen sich kampflos: Byblos, Sidon ... Nur Tyros, eine auf einer Insel erbaute Stadt, die von hohen Festungsmauern umgeben ist und von einer starken Flotte geschützt wird, leistet Widerstand. Das kann Alexander nicht zulassen!

Riten: religiöse Bräuche.
Satrap: ein vom Großkönig eingesetzter Statthalter einer persischen Provinz (Satrapie).
Talent: erst eine Gewichts-, später eine Geldeinheit. Einem Talent entsprechen etwa 25 Kilo Gold oder Silber.

Er beginnt, Tyros zu belagern. Acht Monate lang, bis in den Herbst hinein, widersteht die Stadt. Doch Alexander gibt nicht auf und beschließt, einen Dammweg vom Festland hinüber zur Insel errichten zu lassen. Unter seiner persönlichen Aufsicht machen sich die Soldaten an die Arbeit. Er versteht es, sie mit Lob und Geschenken immer wieder zu ermutigen.

Anfangs ist ihre Aufgabe einfach, denn das Meer ist nicht sehr tief, und die Stangen lassen sich leicht in den Meeresboden treiben. Das hölzerne Stützwerk füllen die Männer dann mit Steinen auf. Nach und nach nimmt der Damm Gestalt an.

Doch als sich die Belagerer der Stadtmauer nähern, wird ihre Arbeit gefährlicher. Hier ist das Meer tief, und sie werden aus der Stadt und von der Seeseite her angegriffen. Da die Arbeiter nur schlecht bewaffnet sind, lässt Alexander zwei hohe Türme errichten, auf denen **Katapulte** stehen, mit denen die Angriffe der Tyrer erwidert und ihre Flotte auseinander getrieben werden sollen. Zum Schutz gegen Brandgeschosse sind die Türme mit Häuten und Fellen verkleidet. Doch die Tyrer geben sich nicht geschlagen. Sie beladen ein Schiff mit Holz und **Pech** und setzen es in Brand. Dann lassen sie es auf die Türme zufahren, die sofort Feuer fangen. Tyrische Trieren hindern die Makedonier daran, die Türme zu verteidigen, und so werden sie restlos vernichtet!

Dieser erneute Rückschlag macht Alexander nur noch entschlossener, die Stadt zu besiegen. Ihm ist jetzt klar, dass er die Stadt nur mithilfe von Schiffen einnehmen kann, und er ruft

Katapult: Wurfmaschine bei Belagerungen.
Pech: leicht brennbares Material auf der Basis von Harz oder Teer.

die Flotte von Sidon an seine Seite, der sich bald Schiffe aus Rhodos und **Zypern** anschließen.

Mehr als 200 Schiffe nehmen Kurs auf Tyros! Jetzt ist Alexander zu Wasser überlegen, und die Tyrer ziehen sich hinter ihre Festungsmauern zurück. Ihre Flotte bleibt im Hafen. Alexander gelingt es, einen breiten Damm zu bauen. Von dort aus versucht er, die Festungsmauern zum Einsturz zu bringen. Doch sie sind 45 Meter hoch und an dieser Stelle auch genauso dick. Alexander muss vom Meer aus angreifen. Aber die vorausschauenden Tyrer haben rings um die Insel große Felsbrocken angehäuft, die es den Schiffen unmöglich machen, dort anzulegen. Die Belagerer beginnen, die Felsen mithilfe von Seilen und Trieren zu beseitigen.

Zypern: enger Verbündeter Persiens. Erst als sich fast ganz Phönikien Alexander unterwirft, stellt sich auch Zypern auf seine Seite.

Daraufhin schicken die Tyrer Taucher ins Wasser, die die Ankertaue der Schiffe kappen. Dadurch können sie nicht mehr am Meeresgrund festmachen, und die Arbeiten werden unmöglich. Doch Alexander erreicht trotzdem sein Ziel, indem er die Taue durch Ketten ersetzen lässt. Schließlich, nach unglaublichen Anstrengungen, stehen die Makedonier vor den Festungsmauern der Stadt und greifen an.

Das ist der Sieg: Ein Teil der Mauer wird zum Einsturz gebracht, Brücken können angelegt werden, und die Makedonier dringen in die Stadt ein.

Alexanders Soldaten kennen kein Mitleid. Sie töten mehr als 8 000 Bewohner. Die Sieger können nicht vergessen, wie viel Kraft sie die Belagerung gekostet hat, und auch nicht, dass die Tyrer alle makedonischen Gefangenen grausam erwürgt

haben. Auch Alexander handelt gnadenlos und verkauft 30 000 Gefangene in die Sklaverei. Der hart errungene Sieg wird mit einem rauschenden Fest gefeiert: Opfer zu Ehren des **Herakles**, eine Parade der Soldaten in voller Rüstung, eine Flottenschau, Wettkämpfe und ein Fackellauf finden statt.

Kurz nach der Einnahme von Tyros trifft ein Brief von Darius ein, in dem er Alexander 10 000 Talente im Austausch für seine Familie bietet. Außerdem will er ihm das Gebiet vom Meer bis zum Euphrat und die Hand seiner Tochter geben, um den Frieden zwischen ihnen zu besiegeln. Die Noblen erwarten gespannt die Reaktion des Königs. Der lässt seinen Blick langsam über die Gesichter der Freunde gleiten. Parmenion bricht das Schweigen: „Wenn ich Alexander wäre, würde ich mich glücklich schätzen, unter solchen Umständen Frieden zu schließen."

Herakles:
In Tyros heißt Herakles Melkart. Die Griechen nehmen fremde Götter häufig in ihre eigene Götterwelt auf.

„Gewiss, wäre ich Parmenion, würde ich auch so denken", antwortet Alexander. „Doch ich bin Alexander, und ich werde mir nichts schenken lassen, was ich ohnehin schon besitze! Wenn Darius etwas von mir wünscht, soll er darum bitten!"

Die Noblen lächeln sich zufrieden an, denn auch sie wollen den abenteuerlichen Weg an der Seite Alexanders weitergehen.

Auf dem Weg nach Ägypten muss Alexander erst noch die Stadt Gaza unterwerfen, die bis dahin als unbezwingbar galt. Doch dann steht seinem Einzug in Ägypten nichts mehr im Wege! Von Pelusion zieht er den Nil entlang nach Memphis,

wo er den griechischen und ägyptischen Göttern ein großzügiges Opfer darbringt. Außerdem lässt er sportliche und künstlerische Wettbewerbe veranstalten. Als er wieder in den Nordwesten des Landes zurückkehrt, beschließt er, eine Stadt zu gründen, die seinen Namen tragen soll: Alexandria.

Da ihm Kreide fehlt, um die Grenzen seiner neuen Stadt auf den Boden zu zeichnen, legt er ihre Umrisse aus Gerstenkörnern. Daraufhin fliegen Scharen von Vögeln heran und picken alle Körner auf. Alexander erschrickt, doch Aristander, der **Seher** des Königs, beruhigt ihn: „Mein König, das ist ein gutes Zeichen! Diese Stadt wird blühen und gedeihen und Menschen aus allen Himmelsrichtungen ernähren!"

Jetzt ist Alexander seiner Sache sicher, und er lässt die Architekten sofort mit dem Bau der Stadt beginnen. Während der Bauarbeiten zieht er nach Libyen zum Tempel des **Amun**. Selbst der beschwerliche Weg durch die Wüste kann ihn nicht davon abhalten, das **Orakel** des Gottes zu befragen. Auch im Winter ist die Reise gefährlich, weit und breit gibt es nichts als Sand und gleißende Sonne.

„Alexander, die Soldaten sind erschöpft!"

„Alexander, unsere Vorräte gehen zur Neige!"

Doch einmal mehr sind die Götter mit ihnen. Ein Regenguss erfrischt sie und füllt ihre Wasservorräte auf. Und als sie sich verloren glauben und ihre Orientierung verloren haben, fliegen zwei Raben herbei, die ihnen den Weg weisen. Schließlich kommen sie ohne weitere Schwierigkeiten in einer Oase an, in der Olivenbäume und Palmen wachsen. In

Seher: Er kann die Zeichen der Götter verstehen und deuten.
Amun/Amun-Re: eine der Gestalten des ägyptischen Sonnengottes.
Orakel: Person oder Ort, durch den ein Gott zu den Sterblichen spricht. Oft ist ein Vermittler nötig (meist ein Priester), um den Willen des Gottes zu deuten.

ihrer Mitte erhebt sich der Amuntempel. Alexander betritt ihn alleine.

Die Noblen warten voll Ungeduld auf seine Rückkehr und brennen darauf, ihn über sein Schicksal zu befragen. Doch als er zurückkommt und sie den Stolz in seinem Gesicht leuchten sehen, schweigen sie. Nur Hephaistion wagt eine Frage: „Nun? Was hat das Orakel gesprochen?"

„Alles, was ich zu hören begehrte."

„Ist das wahr? Bist du sicher? Du wirst der Herr über Asien sein?"

„Ich habe jetzt keinen Zweifel mehr, und auch die Priester stimmen mir zu."

„Und die Mörder deines Vaters werden bestraft werden?"

„Die Mörder Philipps, oh ja, sie werden ihre Strafe finden. Aber mein Vater ist nicht Philipp ... Mein wirklicher Vater ist kein Sterblicher, so sagen es jedenfalls die Priester des Amun."

„Dein Vater ist kein Sterblicher? Aber wer ist er dann?"

Alexander antwortet nicht und geht seines Weges. Sein Freund bleibt stehen und senkt nachdenklich den Kopf.

ALEXANDRIA IN ÄGYPTEN

wird dem Namen ihres Gründers Alexander jahrhundertelang Ehre machen. Das erst kurz zuvor eroberte Ägypten erträgt das persische Joch nur schwer, und als Alexander 332 v. Chr. ins Land kommt, gilt er als Befreier.

Der Leuchtturm von Alexandria

Das siebte Weltwunder

Der Leuchtturm von Alexandria ist 135 m hoch und besteht aus drei Ebenen in verschiedenen Baustilen. An seiner Spitze befindet sich eine Zeusstatue. An den Ecken einer Terrasse stehen Figuren von Triton. Der Gott bläst in ein Nebelhorn, um die Seeleute vor schlechtem Wetter zu warnen. Das weithin sichtbare Leuchtfeuer brennt Tag und Nacht.

Alexander wird Pharao

Alexander beugt sich der ägyptischen Tradition und lässt sich zum Pharao ernennen. Wie seine Vorgänger erhält er den Titel „Sohn des Amun". Einige seiner Generäle verbreiten das Gerücht, dass er tatsächlich der Sohn des Sonnengottes sei!

Der Pharao Alexander

Papyrus mit astronomischen Aufzeichnungen

Der Gott Amun

Im Amuntempel beugt sich Alexander der Autorität dieses „Gottvaters", der häufig mit dem Sonnengott Re oder dem Schöpfergott Chnum (mit dem Widderkopf) in Verbindung gesehen wird. Um seine „Verwandtschaft" mit Amun zu zeigen, wird Alexander oft mit Widderhörnern dargestellt.

Ausgrabungen im Hafen von Alexandria

Chnum-Amun mit dem Widderkopf

„ÄGYPTEN! DAS LAND DER GÖTTER UND GELEHRTEN!"

Alexandria unter Ptolemäus I.

Ptolemäus, der Nachfolger Alexanders in Ägypten, gründet die erste wissenschaftliche Forschungsstätte der Antike und die Bibliothek. Dort sammelt er Bücher aus aller Welt und fördert die Übersetzung zahlreicher Werke ins Griechische, unter anderem der hebräischen Bibel.

Im Herzen des Perserreiches

Alexander nutzt die Wintermonate, um seine Armee und die eroberten Provinzen neu zu organisieren. Er vergibt viele wichtige Ämter an seine Freunde Ptolemäus, Nearchosos, Harpalos und an viele andere.

Im Frühling zieht die Armee durch Phönikien und Syrien, sie überquert erst den Euphrat, dann den Tigris. Die Soldaten marschieren in sechs Monaten mehr als 1 500 Kilometer unter gleißender Sonne, ohne auf nennenswerten Widerstand zu stoßen. Plötzlich werden die Makedonier Zeugen einer fast totalen Sonnenfinsternis. Alexander bringt daraufhin der Sonne, dem Mond und der Erde Opfer dar. Sein Seher Aristander untersucht die Eingeweide der Opfertiere und findet viel versprechende Zeichen. Der König wird noch in diesem Monat eine große Schlacht gewinnen!

Kurz darauf erfährt Alexander von gefangen genommenen persischen **Spähern**, dass Darius' Armee ganz in der Nähe ist. Die persischen Truppen liegen bei Gaugamela. Darius verfügt jetzt über eine Million Fußsoldaten, 40 000 Reiter und 200 **Sichelwagen**!

Späher: Soldaten, die dem Heer vorausgeschickt werden, um die Gegend und die gegnerische Armee zu erkunden.
Sichelwagen: Darius ließ einige seiner Streitwagen an den Seiten (an den Rädern und der Deichsel) mit Sicheln und Messern ausrüsten, sodass alles, was dem Wagen zu nahe kam, aufgeschlitzt wurde.

Skythen: Steppennomaden.

Aus allen Satrapien Mittel- und Ostpersiens mussten Soldaten entsandt werden, aus Medien, Parthien, Syrien, Armenien, Indien, Sogdien und Baktrien. Selbst die mit den Persern verbündeten **Skythen** haben ihre gefürchteten berittenen Bogenschützen geschickt. Darius hat aus seiner Niederlage bei Issos, die nun schon zwei Jahre zurückliegt, gelernt und dieses Mal eine weite Ebene für die Schlacht gewählt. Er hat sogar die Erde glätten lassen, damit seine Sichelwagen ungehindert fahren können. Jetzt wartet er nur noch auf Alexander ...

Als dieser in Sichtweite des Feindes kommt, beherzigt er den Ratschlag Parmenions und nimmt sich Zeit, die Gegend gründlich zu erkunden. Außerdem gewährt er seinen Männern eine Nacht lang Ruhe.

Er versammelt alle seine Heerführer, um ihnen seine Anweisungen für den Kampf zu geben: „In dieser Schlacht geht es um mehr als den Sieg – die Herrschaft über ganz Asien steht auf dem Spiel! Versichert euch des absoluten Gehorsams eurer Männer. Sie müssen sofort auf jeden Befehl reagieren, ganz gleich, ob sie still schweigen, einen Kriegsschrei hören lassen, nach vorne stürmen oder die Stoßrichtung ändern sollen. Jeder eurer Männer muss wissen, dass er ein kleines Rädchen in einer großen Maschine ist. Nur wenn alle zusammen wirken, werden wir siegen. Es hängt von jedem Einzelnen ab!"

In der Nacht wird das persische Lager vom flackernden Schein der Fackeln schwach beleuchtet, und von der Ebene dringt ein seltsames Murmeln herüber, das an Meeresrauschen erinnert.

Am nächsten Morgen erwacht der König, ganz gegen seine Gewohnheit, erst spät. Die Sonne steht schon hoch, als er sich von seinem Lager erhebt und beruhigend zu seinen Freunden spricht: „Ich habe keinen Grund, mich zu fürchten. Darius wirft alle seine Truppen in diesen Kampf, deshalb wird der Krieg nach unserem Sieg heute Abend ein Ende haben."

Alexander verzichtet darauf, Darius' Soldaten eine breite Front entgegenzustellen. Er zieht es vor, seine Flanken und seine Reserve durch eine zweite Frontlinie zu sichern. Er selbst kämpft wie immer an der Spitze der rechten Flanke und will Darius, der im Zentrum der persischen Linien steht, Mann gegen Mann gegenübertreten. Während die makedonische Kavallerie die rechte Seite schützt, wartet er mit seinen Elitetruppen auf eine Lücke in den persischen Linien, damit er direkt zum Großkönig vorstoßen kann. Und sein Plan gelingt! Damit ist die Schlacht schon fast entschieden. Die Perser fliehen in Scharen, unter ihnen auch Darius.

Auch die persischen Sichelwagen haben nicht die gewünschte Wirkung. Wie von Alexander angeordnet, öffnet die makedonische Phalanx stets im richtigen Moment ihre Reihen und lässt die gefährlichen Streitwagen hindurchfahren. Dann greifen die Bogenschützen und Speerwerfer an und bringen Wagenlenker und Pferde zu Fall. Parmenion allerdings hat Mühe an der linken Flanke; Vorräte und Gefangene drohen den Persern in die Hände zu fallen. Doch nach und nach ziehen sich die Perser zurück und besiegeln Alexanders triumphalen Sieg.

Die Perser haben 300 000 Tote zu beklagen, genauso viele

Soldaten sind in Gefangenschaft geraten. Alexander hingegen hat nur 100 Männer verloren, jedoch mehr als 1 000 Pferde.

Der Makedonier gönnt sich und seinen Männern einige Stunden der Erholung, bevor er aufbricht, um gegen Mitternacht Darius zu verfolgen. Nach einem rasanten Ritt über mehr als 100 Kilometer erreicht er Arbela, wo der Perser sein Lager aufgeschlagen hatte. Wie schon in Issos erbeutet Alexander die Schätze, den Wagen, den Königsmantel und die Waffen des Großkönigs, nur Darius selbst ist erneut geflohen. Der König ist bereits auf dem Weg in die weit entfernte Stadt Media. Doch er ist seiner Königswürde beraubt, seine Armee ist zerschlagen, und seine Untertanen haben das Vertrauen in ihn verloren. Ist seine Niederlage nicht das sichere Zeichen, dass **Ahura Masda**,

Ahura Masda: der höchste persische Gott. Der Großkönig wird als sein irdischer Stellvertreter angesehen.

an den die Perser glauben, ihm seine Gunst entzogen hat? Nur noch eine kleine Gruppe von persischen und griechischen Getreuen begleitet ihn noch auf seinem Weg, jedoch nicht mehr lange …

Alexander hingegen zieht 500 Kilometer weiter nach Babylon, der ersten der vier großen persischen Herrscherstädte. Dort wird er wie ein König empfangen, sein Weg durch die Stadt ist mit Blumen bestreut, auf den Altären wird ihm zu Ehren Weihrauch verbrannt. Priester lobpreisen ihn in Liedern, die sie auf der Lyra begleiten, und man beschenkt ihn mit Löwen und Pantern. Alexander bringt zahlreiche Opfer dar, vor allem zu Ehren **Baals**, und lässt die Tempel, die unter **Xerxes** zerstört wurden, wieder aufbauen.

Baal: phönikischer Gott. Die Griechen verwechseln ihn mit dem babylonischen Gott Bel Marduk.
Xerxes I.: persischer König (486 bis 465 v. Chr.). Er warf die Aufstände der Babylonier und der Ägypter blutig nieder.

Einige hundert Kilometer weiter erreicht Alexander Susa, eine andere Herrscherstadt des persischen Reiches. Als die Makedonier den königlichen Palast betreten, können sie ihre Bewunderung über seine Größe, den verschwenderischen Wandschmuck und die kostbaren Möbel nicht verbergen. Hephaistion und Parmenion sind wie geblendet angesichts dieser Pracht, nur Alexander bleibt ungerührt. Philotas, Parmenions Sohn, der etwas entfernt steht, flüstert seinem Nachbarn leise ins Ohr: „Seit Ägypten hält er sich offenbar wirklich für den Sohn des Amun! Man könnte meinen, er sei selbst Großkönig!"

Wie um Philotas Recht zu geben, setzt sich Alexander in diesem Moment auf Darius' Thron, um damit für alle sichtbar die sagenhaften Reichtümer des Großkönigs in Besitz zu nehmen. Allein in Susa lagern **50 000 Talente** Gold und Silber! Da Alexanders Füße nicht bis zum Boden reichen, muss man ihm Darius' goldenes Fußbänkchen vor den Thron stellen.

Doch Alexander hält es nicht lange in Susa. Obwohl inzwischen der Winter angebrochen ist, will er weitere persische Städte im Kernland der **Dynastie** der **Achämeniden** erobern. Sein Weg führt ihn jedoch durch unwegsames Bergland, wo seine Armee auf den Widerstand von Darius' letzten Verbündeten stößt.

Alexander lässt seinen Feldherrn Parmenion mit dem Großteil der Armee die leichtere, wenn auch längere Route nehmen, während er selbst mit einer kleinen Truppe in Richtung

50 000 Talente:
Mehr als 1 250 Tonnen Edelmetall.

Dynastie:
Herrscherfamilie. Die Königswürde wird innerhalb der Familie weitergegeben. Alexanders Gegenspieler Darius III. ist der Letzte aus der Dynastie der Achämeniden.

Achämeniden:
altpersische Dynastie, beherrschte von etwa 700 bis 300 v. Chr. die Stämme der Perser.

des verschneiten **Passes** aufbricht. Doch der persische Satrap lässt die **Persische Pforte** bewachen und erwartet die Armee bereits mit seinen auf den Bergen verteilten Männern. Erst als der Kampf schon in vollem Gange ist, wird Alexander bewusst, in welcher Gefahr er schwebt, denn die Gegner rollen große Felsbrocken die Abhänge herab, die alles zermalmen, was ihnen auf ihrem Weg begegnet. Schilde sind hier keine große Hilfe, und eine Gegenwehr scheint unmöglich. Die Verluste unter seinen Männern sind hoch.

„Seid ihr sicher, dass es keinen Weg gibt, auf dem wir uns dem Feind von hinten nähern können, um ihn einzukesseln? Es muss doch jemanden geben, der sich hier in den Bergen auskennt!"

Alexanders Hartnäckigkeit zahlt sich aus. Schließlich findet sich ein **lykischer** Schäfer, der mit seinen Ziegen durch die Berge zieht. Er führt den König und eine kleine Gruppe von Elitesoldaten nachts über die schneebedeckten Bergkämme und engen Pfade, vorbei an gefährlichen Schluchten. Im Morgengrauen hören die zurückgebliebenen Makedonier, die ihr Lager vor den Persern aufgeschlagen haben, das vereinbarte Trompetensignal: Alexanders Plan ist gelungen! Sofort gibt Krateros das Zeichen zum Angriff. Die Perser sind eingeschlossen, eine Flucht ist unmöglich. Nun ist der Weg nach Persepolis, der Königsstadt der Achämeniden, endlich frei. Nach der Verzögerung will Alexander so schnell wie möglich dorthin gelangen, um zu verhindern, dass die Soldaten den sagenhaften Königsschatz plündern.

Pass: schmaler Durchgang zwischen zwei Bergen.
Persische Pforte: im Südwesten des iranischen Berglands gelegener Pass.
Lykier: Einwohner Lykiens in Kleinasien. Die Lykier sprechen Griechisch.

Und dann zieht er in die prächtige Hauptstadt des Reiches ein! Lange Zeit galt Persepolis als Inbegriff des schrecklichsten Feindes Griechenlands, und als Alexanders Soldaten endlich in die Stadt eindringen, beginnt ein grausamer Plünderungszug. Gold und Purpur, Möbel, Kleidung und Schmuck, nichts entgeht der blinden Gier der Soldaten.

Alexander ist jetzt unermesslich reich. Er bringt den Göttern großzügige Opfer dar und gibt rauschende Feste für sein Gefolge. Schnell arten die Feste in Gelage aus, bei denen sich die tapferen Krieger hemmungslos betrinken. Nicht umsonst wird **Dionysos** in Makedonien besonders verehrt!

Während eines dieser Feste erinnert Thais, eine **Kurtisane** aus Athen, an die **Zerstörung** ihrer Heimatstadt durch Xerxes: „Die Zerstörung dieses Palastes, der für den Ruhm und den Stolz der Perser steht, wäre eine würdige Rache, Alexander!"

Lässt sich Alexander von ihr beeinflussen? Oder spricht sie nur einen Wunsch aus, den er selbst seit langem hegt?

Trotz der Proteste Parmenions und einiger anderer Feldherrn veranstalten die Anwesenden sogleich einen dionysischen Umzug durch die Stadt, greifen sich brennende Fackeln und legen, begleitet von Flötenklang und Gesang, Feuer an den Palast. Er brennt bis auf die Grundmauern nieder.

Das Sinnbild der Größe und des Glanzes des Perserreiches ist vernichtet, und Alexander schickt sich an, selbst den Platz des Großkönigs einzunehmen.

Dionysos: griechischer Gott des Weines und der Trunkenheit.

Kurtisane: Frau von geringem Ansehen, die, im Gegensatz zu verheirateten Frauen, an den Festen der Männer teilnehmen darf.

Zerstörung Athens: 480 v. Chr. wurde Athen während des zweiten Medischen Krieges von Xerxes komplett zerstört.

DAS PERSERREICH breitet sich bereits zwei Jahrhunderte vor Alexanders Feldzug über den westlichen Teil Asiens aus, mit Grenzen zu Europa, Indien und Ägypten.

Der König

Der Reichtum, der den Großkönig umgibt, ist der Beweis dafür, dass er der irdische Stellvertreter Ahura Masdas ist und über den anderen Menschen steht. Er wird von Dienern begleitet, die einen Sonnenschirm über ihn halten und Fliegen verscheuchen. Stets wird er von Soldaten bewacht. Sie alle tragen reich geschmückte, goldbestickte Kleidung und goldene Ohrgehänge.

Darius I.

Löwe im persischen Königspalast

Audienzen

Bei Audienzen sitzt der König auf einem hohen Thron, und seine Füße lagern auf einem Bänkchen. Draußen benutzt er meist den Wagen. Das Symbol seiner Macht ist der Löwe, er schmückt den Palast und die königlichen Siegel.

Abgesandte auf einem Wandfries

„UND DANN ZIEHT ER IN DIE PRÄCHTIGE HAUPTSTADT DES REICHES EIN!"

Ein riesiges Reich

Den Grundstein für das persische Großreich legen Kyros der Große und Kambyses. Unter der langen Herrschaft von Darius I. (522-486 v. Chr.) wird Persien gefestigt und strukturiert. Über allem wacht der alle vereinende Gott Ahura Masda. Das Reich durchziehen breite und sichere Straßen, und jede Provinz steht unter der Verwaltung eines Satrapen, meist eines Persers, der vom König eingesetzt wird und ihm verantwortlich ist.

Eingang zum Thronsaal in Persepolis

Bogenschützen

Abgesandte

Die prächtigen Paläste von Susa und Persepolis zeigen die königliche Macht. Einmal im Jahr kommen Abgesandte aus den Provinzen, um Geschenke zu bringen und ihren Tribut zu entrichten. Auf Wandfriesen finden sich Darstellungen aller Völker des Reiches. Das Fries oben zeigt Parther, erkennbar an ihrer Kleidung und dem Kamel.

Zeit des Verrats

Nach dem großen Brand des Palastes von Persepolis verlässt Alexander Persien und bricht nach Medien auf, wo sich Berichten zufolge Darius versteckt halten soll. Parmenion vertraut er die Aufgabe an, das Gepäck und den riesigen Schatz sicher nach **Ekbatana** zu bringen.

Er selbst erreicht Medien bereits nach kurzer Zeit, doch kaum angekommen, muss er erfahren, dass Darius Ekbatana bereits wieder verlassen hat. Es ist dem Perser nicht gelungen, neue Truppen zu sammeln, um sich Alexander entgegenzustellen, darum flieht er nun weiter in Richtung Osten nach Baktrien. Er wird nur noch von einigen Satrapen der östlichen Provinzen mit ihren Soldaten und einigen wenigen ihm treu ergebenen Griechen begleitet. Alexander will Darius um jeden Preis in seine Gewalt bekommen, doch ...

Ekbatana: Hauptstadt Mediens, die letzte der vier großen Herrscherstädte (heute im Nordwesten Irans).

„Alexander, unsere Männer murren ...“

„Was ist los?“

„Du weißt sehr wohl, dass wir bald die Grenzen der bekannten Welt erreichen. Du bist immer bereit zu neuen Abenteuern und Eroberungen, aber nicht alle Griechen sind wie du! Und vergiss nicht, dass du zwar ihr oberster General bist, aber dass sie dich erst dazu bestimmt haben!"

„Nun gut", erwidert Alexander zornig, „lassen wir sie ziehen! Ich brauche die Griechen nicht mehr, wir werden sie nach Hause schicken! Aber Rechenschaft bin ich keinem schuldig, weder den Griechen noch irgendjemand anderem!"

Krateros und Hephaistion nehmen den Wutausbruch ihres Königs nicht so ernst, doch Ptolemäus und der dunkelhäutige Kleitos sind beunruhigt: „Einverstanden, verzichten wir auf die Griechen. Aber um weiterzumarschieren, brauchen wir neue Soldaten!"

Doch Alexander hat diesen Einwand schon bedacht. „Diejenigen unter den Griechen, die weiter an unserer Seite kämpfen wollen, werben wir als Söldner an! Wenn wir sie bezahlen, schulden sie uns Gehorsam, und Verpflichtungen werden wir dann keine mehr haben. Außerdem brauchen wir einheimische Männer als Soldaten, denn sie kennen dieses Land besser als wir!"

Unter diesen veränderten Vorzeichen nimmt die Kavallerie die Verfolgung von Darius wieder auf. In einem wahren Gewaltmarsch geht es quer durch Medien und Parthien. Reiter und Pferde, die zu erschöpft sind, um weiter Schritt zu halten, werden einfach zurückgelassen. Weder Durst bei den mühseligen Märschen durch die Wüste, noch Erschöpfung, noch der nachlassende Mut seiner Männer können Alexander aufhalten. Er bewältigt 650 Kilometer in nur elf Tagen!

Da erreicht ihn die Nachricht, Darius sei von seinen Satrapen aus dem Osten gefangen genommen worden, den angeblich treuesten Verbündeten des Persers. Hoffen sie darauf, von Alexander begnadigt zu werden, wenn sie ihm Darius ausliefern? Der Makedonier ist außer sich vor Zorn, denn er will den Großkönig im Kampf besiegen und nicht als Beute serviert bekommen! Den Verschwörern wird schnell klar, dass ihr Gefangener ihnen nicht von Nutzen sein wird, und sie töten ihn.

So sind es drei Jahre nach Issos, ein Jahr nach Gaugamela, schließlich seine eigenen Männer, die Darius zu Fall bringen. Alexander ehrt seinen toten Feind mit einem würdigen Begräbnis: Sein Körper wird nach persischem Brauch in Persepolis beigesetzt. Nun hat Alexander keinen Widersacher mehr. Als er auch noch Darius' Familie bei sich aufnimmt, wird er sein alleiniger Nachfolger als Sohn, Vater und König.

Er weiß, dass es ihm unmöglich ist, den Titel Großkönig anzunehmen, denn das würden ihm die Makedonier nicht verzeihen. Doch von seinen östlichen Untertanen lässt er sich mit diesem Titel ansprechen, und er trägt auch großkönigliche **Insignien** wie das **Diadem** oder die weiß gestreifte Tunika. Auf die königlichen Hosen und den Mantel verzichtet er allerdings, sie erscheinen ihm lächerlich! Auch den noblen Makedoniern wird es gestattet, eine Tunika mit Purpurstickerei zu tragen. Sogar seine Pferde lässt Alexander auf persische Weise ausstaffieren.

Selbst im **Harem** tritt er Darius' Nachfolge an. Hier warten 360 Konkubinen auf ihren neuen Herrn.

Jeden Abend versammeln sie sich um sein Bett, damit er eine von ihnen auswähle, um mit ihr die

Insignien: Zeichen der Königsherrschaft

Diadem: Stirnreif.

Harem: Gemeinschaft der Ehefrauen und Konkubinen eines Mannes, hier des Großkönigs.

Nacht zu verbringen. Auch wenn sich Alexander meist von ihnen fern hält, ist es ihm wichtig, auch dieses Vorrecht des Großkönigs geerbt zu haben.

Zunehmend beschäftigt Alexander nicht nur persische Diener, sondern beginnt auch, noble Perser in seinen engeren Kreis aufzunehmen. So ernennt er einige von ihnen zu seinen Leibwächtern, was bei den Makedoniern großen Unmut auslöst. Will Alexander etwa ein asiatischer Herrscher werden? Fühlt er sich nicht mehr an die Sitten und Gebräuche seines Heimatlandes gebunden? Dem König bleibt diese unausgesprochene Missbilligung seiner Landsleute nicht verborgen, und er weiß, dass sie ihm gefährlich werden kann. Doch er wartet ab und wendet sich zunächst den Mördern des Darius zu.

Zusammen mit den Truppen, die nun wieder zu ihm gestoßen sind, zieht er nach Hyrkanien. Alexanders Weg führt ihn über beinahe unüberwindbare Pässe. Nach und nach schließen sich ihm weitere persische Herrscher an, die lieber ihn auf dem Thron sehen als die Mörder des Darius. Alexander erobert Stadt um Stadt, entweder mit Gewalt oder durch freiwillige Unterwerfung.

Dem Großteil der gegnerischen Satrapen gelingt es jedoch, Alexander zu entfliehen und sich in entfernte Provinzen zurückzuziehen, wo sie sich sicher fühlen. Bessos, der Anführer der Verschwörung gegen Darius, ernennt sich selbst zum Großkönig. An ihm will sich Alexander um jeden Preis rächen. Deshalb bricht er nach **Baktra** auf, doch bereits in Areia wird er durch einen Komplizen von

Baktra: Hauptstadt Baktriens.

Bessos aufgehalten. Er stellt Alexander eine Falle, indem er vorgibt, sich mit dem Makedonier verbünden zu wollen. Doch nachdem er sich mit seinen Männern im Rücken von Alexanders Truppen befindet, greift er plötzlich an! Glücklicherweise kann Alexander schnell reagieren. Es gelingt ihm zwar, den hinterhältigen Angriff abzuwehren, aber er hat große Verluste zu beklagen.

Dieser Zwischenfall, der Alexander fast zum Verhängnis geworden wäre, ist ihm eine Warnung. Wenn er noch weiter nach Osten ziehen will, muss er vorsichtiger sein. Statt sofort weiter nach Baktrien zu marschieren, führt ihn sein Weg daher zunächst nach Süden, um Areia, Drangiane und Arachosien zu erobern.

Zur gleichen Zeit will ein junger Offizier die Leibwache des Königs vor einer Verschwörung gegen ihren Herrn warnen. Er wendet sich an Philotas, den Sohn Parmenions, und berichtet ihm von seinem Verdacht. Doch selbst nach zwei Tagen hat dieser die Warnung noch immer nicht an den König weitergegeben. Beunruhigt über die drohende Gefahr, wendet sich der Offizier an einen **Pagen**, der ihm ein Gespräch mit Alexander selbst ermöglicht. Darin nennt er die Namen der Verschwörer und verschweigt auch das rätselhafte Verhalten von Philotas nicht. Dieser steht plötzlich im Mittelpunkt der Verdächtigungen. Wäre es für ihn nicht ganz einfach, den König zu töten? Hat er nicht schon häufig Kritik an Alexander geäußert? Philotas streitet alle Anschuldigungen

Page des Königs: junger makedonischer Adliger (später auch ein Meder oder ein Perser), der zum Soldaten ausgebildet wird und dabei dem König und seinen Noblen dient.

ab. Trotzdem wird er zusammen mit den anderen Verschwörern verhaftet.

Die Verhandlung gegen die Verschwörer findet vor der versammelten makedonischen Armee statt. Alexander selbst führt die Anklage: „Soldaten, nur dank der Gnade der Götter bin ich noch unter euch, bereit, neue Schlachten zu schlagen und Ruhm für euch wackere Kämpfer zu ernten! Eine Verschwörung sollte mich aus eurer Mitte reißen. Die Tat ist umso verwerflicher, als sie von einem meiner engsten Mitstreiter geplant wurde, den ich hoch geehrt und beschenkt habe, und dem ich voll und ganz vertraute!"

Die Worte Alexanders lösen bei seinen ergeben lauschenden Soldaten Bestürzung und Entsetzen aus. Außer sich vor Wut, wollen sie Philotas auf der Stelle **steinigen**, doch der König erspart ihm diese grässliche Strafe.

steinigen:
einen Menschen so lange mit Steinen bewerfen, bis er tot zusammenbricht.

Dem Angeklagten gelingt es nicht, die aufgebrachte Menge von seiner Unschuld zu überzeugen und den Verdacht gegen sich zu entkräften.

Um sein Geständnis zu erzwingen, soll er, wie es üblich ist, unter der Aufsicht von Krateros und Hephaistion gefoltert werden. Lange Zeit leugnet er seine Schuld, doch den Folterknechten gelingt es schließlich, seinen Widerstand zu brechen. Er gesteht die geplante Verschwörung und nennt die Namen seiner Komplizen. Philotas stirbt gemeinsam mit seinen Mitverschwörern im Hagel makedonischer Speere.

Ist auch sein Vater Parmenion in die Verschwörung verwickelt? Selbst wenn Parmenion unschuldig sein sollte, kann

Alexander ihn nicht am Leben lassen. Die Gefahr, dass der alte und von seinen Truppen verehrte General eine **Revolte** gegen den Mörder seines Sohnes anzettelt, ist zu groß! Doch Parmenion befindet sich gerade mit einem großen Heer in Medien, und seine Rückkehr lässt verdächtig lange auf sich warten. Alexander zögert nicht lange und schickt einen Boten nach Ektabana, mit dem Befehl, den General töten zu lassen, noch bevor die Nachricht vom Tod seines Sohnes bei ihm eintrifft. So geschieht es.

Dieser Vorfall vergrößert die Zahl derer, die an Alexander und seinen Handlungen zweifeln. Die einen können sich nicht an seine neuen, „persischen" Verhaltensweisen gewöhnen, die anderen sind es leid, jahrelang fern der Heimat kämpfen zu müssen ...

Parmenion und Philotas waren hohe Offiziere, doch auch einfache makedonische Soldaten teilen ihre Meinung. Alexander weiß davon – er lässt die Post seiner Soldaten lesen – und fasst sie zum „**Bataillon** der Widerspenstigen" zusammen. Den Mund kann er ihnen zwar nicht verbieten, aber so kann er sicher sein, dass sich ihre Kritik nicht weiter unter den anderen Soldaten verbreitet. Um sich noch weiter abzusichern, lässt er das Bataillon von seinen treusten Freunden Hephaistion, Kleitos, Krateros und Ptolemäus führen.

Jetzt ist er bereit, sich den östlichen Provinzen Baktrien und Sogdiane zuzuwenden!

Revolte: Aufruhr.
Bataillon: Untereinheit eines Regiments.

UNBEKANNTE LÄNDER, extreme klimatische Bedingungen – Alexander und seine Armee lernen eine Vielzahl neuer Länder kennen. Die Soldaten bewältigen unzählige Hürden, marschieren pausenlos, überqueren Gebirge und bauen sogar Brücken!

1 | 1. Kappadokien in der Türkei   **2** 2. Der Nil in Ägypten   3. Herat in Afghanistan

3 4

Kleinasien
Im Gebiet der heutigen Türkei stoßen Alexanders Soldaten auf keine großen Schwierigkeiten. Selbst hinter Gordion, im heißen und trockenen Landesinneren, und in den Kappadokischen Bergen haben sie keine Mühe, schnell voranzukommen.

Ägypten
Hier lernen sie die Strapazen der Wüste kennen, die jedoch durch das fruchtbare Niltal und viele Oasen wieder aufgewogen werden.

Iranisches Hochland
Die Durchquerung des gebirgigen persischen Kernlands ist für die Soldaten sehr anstrengend (hykarnisches Gebirge).

„ALEXANDERS WEG FÜHRT IHN ÜBER BEINAHE UNÜBERWINDBARE PÄSSE."

Raues Klima

In der Steppe herrscht kontinentales Klima. Die Temperaturen dort schwanken zwischen +40 °C im Sommer und −10 °C im Winter. Auch zwischen Tag und Nacht herrscht ein großes Temperaturgefälle von 25 °C–35 °C. Das Gleiche gilt für die Berge, nur dass die Temperaturen dort insgesamt viel niedriger sind!

4. Wüste in Usbekistan   *5. Gebirge in Pakistan*   *6. Pandschir in Zentralasien*

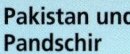

Afghanistan
In Areia und Baktrien überqueren die Soldaten über enge Pässe und entlang steiler Schluchten den Hindukusch.

Usbekistan
In Sogdiane durchqueren die Männer die riesige trockene Steppe, auf die im Sommer die Sonne niederbrennt.

Pakistan und Pandschir
Die schneebedeckten Gipfel der indischen Berge (Ausläufer des Himalaja in Pakistan) überwinden die Soldaten Alexanders nur mit Mühe. Am Fuße des Pandschir stoßen sie auf eine karge Steppenlandschaft.

Durch feindliche Länder

Ab jetzt muss Alexander durch feindliches Gebiet ziehen. Deshalb trifft er besondere Vorsichtsmaßnahmen. In Drangiane gründet er die erste Stadt auf asiatischem Boden, die den Namen Alexandria trägt. Er baut Befestigungen und errichtet eine **Garnison**, die er mit altgedienten griechischen und makedonischen Soldaten, sowie Freiwilligen aus den Reihen der Barbarenvölker besetzt.

Sobald die Truppen, die in Medien stationiert waren, zu ihm gestoßen sind, zieht Alexander mit seiner Streitmacht mitten im Winter über den **indischen Kaukasus**. Sie müssen über weite, schnee- und eisbedeckte Hochebenen wandern, wohin sich kein Vogel, nicht einmal ein wildes Tier verirrt! Die Tage sind kalt, die Nächte eisig, es fehlt an Proviant, und die Soldaten leiden furchtbar. Einige haben Erfrierungen an den Füßen, andere werden **schneeblind**, und alle, die zu erschöpft sind, um weiterzuziehen, werden am Wegesrand zurückgelassen.

Die einheimische Bevölkerung ist an Fremde nicht gewöhnt. Die Menschen fürchten sich und

Garnison:
Truppenstandort.
Indischer Kaukasus:
griechische Bezeichnung für den Hindukusch (Bergmassiv in Afghanistan)
schneeblind:
Blendungszustand durch zu starke Lichteinstrahlung auf Schnee- oder Eisflächen.

bieten den Eroberern freiwillig Nahrungsmittel an. Allerdings sind die Dörfer im Nebel kaum auszumachen, nur der Rauch, der aus den Hütten aufsteigt, verrät ihre Existenz.

Doch der nimmermüde Alexander zieht weiter, stets getrieben von seinem Wunsch, Darius zu rächen.

Im Frühling überqueren die Soldaten in nur 16 Tagen den Kaukasus, nachdem Alexander ihnen zuvor einige Ruhetage gegönnt hat.

Bessos, der Mörder des Darius, will ein direktes Zusammentreffen mit Alexander vermeiden. Er flieht weiter und hinterlässt auf seinem Weg nur verbrannte Erde, um seine Gegner aufzuhalten. Doch Alexander bleibt ihm dicht auf den Fersen. Nachdem sich weitere Verbündete von ihm abgewandt haben, überquert Bessos mit seinen letzten Getreuen den Fluss Oxos und zerstört alle Brücken und Schiffe hinter sich. Alexander soll ihm nicht folgen können. Der Oxos ist ein tiefer und reißender Strom. Durch eine **Furt** kann man ihn nicht überqueren, denn im Flussbett lassen sich nicht einmal Stangen verankern. Doch Alexander hat eine Idee: Er lässt die Lederhäute, die den Soldaten als Zeltplanen dienen, mit Stroh füllen und zunähen. Innerhalb von fünf Tagen tragen diese seltsamen Flöße die gesamte Armee über den Fluss.

Unterdessen haben auch die letzten Verbündeten Bessos verlassen und liefern ihn Alexander aus. Er wird in Ekbatana von Darius' Familie angeklagt und unter grausamen Qualen hingerichtet. So endet der verratene Verräter.

Alexander unterwirft Sogdiane und erreicht danach eine ausgetrocknete Steppenlandschaft, in der

Furt: flache Stelle im Flussbett, durch die man einen Fluss zu Fuß durchqueren kann.

die Skythen ihre Herden weiden lassen. Die Skythen sind ausgezeichnete Reiter, die sich ihren Lebensunterhalt mit Plünderungen verdienen. Wie besiegt man ein Volk, das ständig umherzieht und in keiner festen Stadt lebt? Diese Aufgabe ist selbst für Alexander eine Herausforderung. Er verzichtet zunächst auf einen Kampf gegen die Skythen und wendet sich wieder in Richtung Baktrien und Sogdiane, wo in der Zwischenzeit Aufstände ausgebrochen sind.

Das ist der Auftakt zu lang andauernden Auseinandersetzungen. Alexander braucht zwei Jahre, um der Aufstände Herr zu werden, die immer wieder an neuen Orten aufflammen. Kaum hat er eine Revolte niedergeschlagen, hört er bereits von der nächsten. Kein Sieg ist leicht zu erringen, denn selbst die kleinste Stadt umgibt eine Festungsmauer, die von Alexanders Männern nur mithilfe von Belagerungsmaschinen zu überwinden ist.

Selbst nach zwei Jahren leisten einige Dörfer, die wie Vogelnester in den Bergen hängen, immer noch Widerstand. Einer dieser Orte heißt „Felsen von Sogdiane", dort haben sich mehrere baktrische und sogdianische Adlige verschanzt. Als Alexander ihre **Kapitulation** fordert und ihnen Strafen androht, lachen sie nur und fragen ihn, seit wann seine Soldaten Flügel hätten! Unnötig zu erwähnen, dass der ehrgeizige König nach diesen Worten in unmäßige Wut gerät. Er ruft seine tapfersten Soldaten zusammen und schlägt ihnen einen Wettkampf vor: Sie sollen den Berg zu den unzugänglichen Dörfern erklimmen. Der beste

Kapitulation: die eigene Niederlage eingestehen.

Kletterer soll für seine Leistung 12 Talente erhalten, doch auch auf alle anderen Teilnehmer wartet eine Belohnung.

300 Männer melden sich freiwillig und rüsten sich mit Seilen und spitzen Metallstiften aus, mit denen sie sich im Eis und in den Felsen verankern wollen. Bei Nacht beginnen sie ihren Aufstieg, und mehr als 30 Männer stürzen dabei in den Tod. Ihre Leichen werden nie gefunden. Die anderen jedoch erreichen bei Tagesanbruch ihr Ziel und lassen das vereinbarte Zeichen ertönen. Alexander, der die ganze Nacht unruhig gewartet hat, lässt den Sogdianern triumphierend mitteilen, dass seine Soldaten sehr wohl fliegen können! Als die Sogdianer Alexanders Männer bemerken, erkennen sie ihre Unterlegenheit an und ergeben sich.

Unter den Gefangenen ist auch Roxane, die schöne Tochter

des Königs Oxyartes. Kaum hat Alexander sie gesehen, verliebt er sich in sie. Seine Freunde tuscheln miteinander: „Alexander verliebt? Könnt ihr euch das vorstellen?"

„Ich hielt ihn für unempfindlich gegenüber Frauen, denkt doch an die wunderschöne Frau des Darius, die er kaum angesehen hat!"

„Selbst seine Konkubinen scheinen ihn nie zu interessieren."

„Hephaistion hat mir erzählt, er wolle sie heiraten."

„Obwohl sie schon einen Sohn hat? Dann wäre dieser nach Alexanders Tod der zukünftige König! Ein Adoptivkind als König der Makedonier! Unvorstellbar! Er hält sich jetzt wohl für einen asiatischen Herrscher, anders kann ich mir das nicht erklären!"

Die Gerüchte werden immer lauter, und Unmut breitet sich aus. Es kommt zu schweren Zwischenfällen.

In Macaranda wird eines der vielen Trinkgelage abgehalten. Im Laufe des Festes rühmt sich Alexander nicht nur seiner eigenen Taten, nein, er setzt auch die Leistungen seines Vaters Philipp herab. Das ist mehr, als Kleitos, der Kampfgefährte Philipps und Milchbruder Alexanders, ertragen kann.

„Glaubst du wirklich, dein Vater hätte weniger geleistet als du? Hat er dir nicht erst den Weg gebahnt? Und wie hättest du all deine Siege errungen, wenn du nicht uns, die Makedonier, an deiner Seite gehabt hättest?"

Kampfspeer (Sarissa): besonders langer Speer (5,50 m), der nur in Makedonien benutzt wird.

Trotz der warnenden Zeichen der anderen, die bemerkt haben, dass Alexanders Zorn immer größer wird, spricht Kleitos weiter und beginnt sogar, Parmenion zu verteidigen. Der betrunkene und wütende König will sein Schwert ziehen, doch das hat ein vorausschauender Freund ihm schon abgenommen. Aber auch Kleitos ist betrunken und aufgebracht. Er weigert sich, den Raum zu verlassen, und reizt Alexander immer weiter. Dem gelingt es schließlich, nach seinem **Kampfspeer** zu greifen und ihn in den Körper des Freundes zu stoßen, der sofort tot zusammenbricht. Plötzlich herrscht Totenstille. Da kommt Alexander wieder zu sich. Er zieht den Speer aus dem Körper und will ihn in seiner Verzweiflung gegen sich selbst richten, doch seine Freunde halten ihn zurück. Danach vergräbt er sich drei Tage in seinem Zelt, verweigert Nahrung und Getränke und trauert um seinen treuen Gefährten, der ihm einst das Leben gerettet hat.

Doch die Unzufriedenheit in der Armee verbreitet sich weiter. Vor allem diejenigen, die die neuen persischen Sitten des Königs ablehnen, beginnen immer lauter zu murren. Alexander kann auf die asiatischen Verbündeten aber nicht verzichten, denn er will nach Indien weiterziehen. Um dorthin zu gelangen, braucht er neue Truppen, neue Generäle und neue Satrapen, aber er verfügt nicht mehr über genug makedonische Männer. Deshalb ist er auf die Perser, die Sogdianer angewiesen ... und wird so gleichzeitig zum König der Besiegten und der Sieger! Doch wie soll er die so unterschiedlichen Sitten beider Kulturen verbinden?

Als einer seiner persischen Diener versucht, den Brauch der **Proskynese** auch bei den Makedoniern einzuführen, weist ihn **Kallisthenes** scharf zurecht: „Wie? Du willst, dass sich die Griechen wie Sklaven vor ihrem Herrn verneigen? Freie Männer müssen sich nur vor den Göttern verneigen! Selbst die Taten eines Alexander sind nicht so groß wie die eines Herakles! Und auch der wurde erst nach seinem Tod als Gott verehrt!"

Proskynese: in Persien übliche tiefe Verbeugung vor dem König als Zeichen des Respekts.

Kallisthenes: griechischer Philosoph und Neffe des Aristoteles. Er hatte den Auftrag, die Geschichte des Alexanderfeldzugs aufzuschreiben.

Im Hintergrund verborgen, hat auch Alexander diese Worte vernommen und überlegt fieberhaft. Er verzichtet daraufhin zwar auf die persische Form der Ehrerbietung, ist aber wütend auf Kallisthenes und will sich an ihm rächen.

Dazu bietet sich ihm bald eine Gelegenheit. Eine neue Verschwörung wird aufgedeckt. Ein Page namens Hermolaos, den der König schlecht behandelt, will ihn daraufhin töten.

Doch sein Plan schlägt fehl, und er wird gefasst. Aber statt sich wegen seines Verbrechens zu verteidigen, rühmt er sich noch seines Plans: Mit dem Mord an Alexander wollte er die Welt von einem Tyrannen befreien! Die Anwesenden sind schockiert und wollen ihn zum Schweigen bringen, doch Alexander befiehlt, ihn sprechen zu lassen. Dann sagt er: „Seht ihr jetzt, wohin die Worte des Griechen Kallisthenes führen? Aus Hass gegen Makedonien wiegelt er die jungen Männer gegen mich auf und erreicht damit, dass sie mich töten wollen!"

Die Verschwörer werden verurteilt und hingerichtet, und Kallisthenes legt man in Ketten. Er stirbt im Gefängnis.

Nachdem alle Hindernisse aus dem Weg geräumt sind, heiratet Alexander die schöne Perserin Roxane. Er wählt den makedonischen Hochzeitsritus, bei dem der Ehemann ein Stück Brot mit dem Schwert teilt und beide Eheleute je eine Hälfte davon essen. Die Abstammung seiner Frau macht ihn zwar zum König der Perser, doch seine Art zu heiraten lässt ihn auch König der Makedonier bleiben!

Doch dabei belässt er es nicht. 30 000 junge Perser werden als Soldaten in seine Dienste gezwungen. Diese Männer sind zugleich **Rekruten** und Gefangene und sollen für Alexander in die Schlacht ziehen, wenn die Zeit gekommen ist.

Unterdessen kann Alexander beruhigt von Indien träumen, denn im Osten seines Reiches herrscht wieder Frieden. An der Spitze aller Provinzen stehen Alexander treu ergebene Satrapen, und er hat mehr als zehn neue Städte gegründet, die seinen Namen tragen.

Rekruten:
Soldaten in der Ausbildung.

DIONYSOS, oder Bacchus, ist der Gott des Weines und der Trunkenheit. Der Sohn des Zeus und der Semele wird in Makedonien besonders verehrt. Auch Alexanders Mutter Olympias und später Alexander selbst opfern ihm.

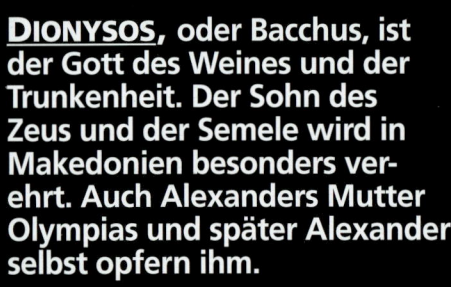

Dionysos wird häufig mit einer Efeuranke dargestellt.

Dionysos in Gesellschaft eines Satyrs und einer Mänade

Dionysos

Dionysos' Geburt

Semele bittet Zeus, sich ihr in seiner ganzen Herrlichkeit zu zeigen. Doch die Blitze und der Donner, die sein Erscheinen begleiteten, töten sie. Zeus nimmt das ungeborene Kind, das sie trägt, aus ihrem Körper und näht es sich in seinen Schenkel, damit es dort weiter wachsen kann. Wenige Monate später kommt Dionysos zur Welt, der „zweimal geborene Gott".

Flöte spielender Satyr

Ein Vorbild für Alexander

Bevor er ein Gott wird, ist Dionysos ein Held, das heißt, ein sterblicher Halbgott. Auch er ist ein großer Entdecker und Eroberer. Er durchquert Ägypten, Syrien und Griechenland und unterwirft Indien. Sein Reisegefährt ist ein von Pantern gezogener und mit Efeu geschmückter Wagen, der von einem Gefolge begleitet wird.

„FREIE MÄNNER MÜSSEN SICH NUR VOR DEN GÖTTERN VERNEIGEN!"

Die Orgien
Ursprünglich sind Orgien Kulthandlungen zu Ehren des Dionysos. Dabei versetzen sich die Mänaden in Rausch. Mit den privaten Festen der Reichen, den Symposien, haben Orgien nichts gemein.

Privates Fest, auch Symposion genannt

Das Gefolge
Die gut gelaunten Gefolgsleute des Dionysos sind meist Satyre und Mänaden. Satyre sind leichtlebige niedere Gottheiten. Sie haben einen Pferdeschwanz, Hufe und manchmal auch ein Ziegenbärtchen oder Stierhörner. Die Mänaden oder Bacchantinnen gehören zu Dionysos und begleiten ihn. Dabei spielen sie Flöte oder schlagen ein Tamburin.

Tamburin schlagende Mänade

Das Symposion
Dieses Fest im privaten Rahmen führt die Männer zum Trinken und Diskutieren zusammen. Frauen sind dabei unerwünscht, nur Tänzerinnen, Musikerinnen und Kurtisanen dürfen daran teilnehmen. Auch Dionysos, der Gott des Weines, darf nicht fehlen, und oft wird aus dem Fest ein Gelage.

Die Grenze der
bekannten Welt

Als der Frühling kommt, erwacht die Armee nach der Winterpause allmählich wieder zu neuem Leben. Im königlichen Zelt lauschen die Generäle den Ausführungen Alexanders. Hephaistion betrachtet aufmerksam das ihm so wohlbekannte Gesicht des Freundes, seine glänzenden Augen und die zwei tiefen Stirnfalten, die ihm mittlerweile ein strenges Aussehen verleihen.

Auch ich muss mich verändert haben, denkt er bei sich, acht Jahre sind eine lange Zeit! Acht Jahre, in denen wir unsere Familien und die Heimat nicht gesehen haben. Acht Jahre, in denen wir Asien durchquert haben, immer zum Kampf bereit. Alexander hat das Versprechen gehalten, das er abgelegt hat, als er seinen Speer in die Erde Kleinasiens bohrte: Er ist Herr über ganz Asien, und wir dürfen an seinen Siegen teilhaben! Wenn wir noch Indien erobern, dann haben wir es **Herakles** und **Dionysos** gleichgetan!

Alexander reißt ihn aus seinen Gedanken: „Hephaistion und Perdikkas, seid ihr einverstanden? Eure Armeen werden unser Ziel bestimmt schneller erreichen als wir, denn wir werden die Route der

Herakles, Dionysos: Söhne des Zeus, die nach großen Taten zu Göttern wurden. Auch sie reisten durch Asien.

Karawanen entlangziehen. Das gibt euch Zeit, Brücken und Schiffe zu bauen, auf denen wir den Indus überqueren können. Taxiles, unser neuer indischer Verbündeter, wird euch führen."

„Wir hingegen", fährt Alexander fort und wendet sich an Ptolemäus und Koinos, „wir ziehen nach Norden. Dort werden wir auf den größten Widerstand stoßen, glaubt Taxiles."

Die Befürchtungen des indischen Königs bestätigen sich. Die Völker, die am Fuße des Himalajagebirges leben, ziehen sich in ihre „Adlernester" zurück. Sie leben in völliger Freiheit und beugen sich keiner Herrschaft. Zum ersten Mal treffen die Makedonier auf asiatischem Boden auf **Republiken**.

Alexander nutzt die große Kunstfertigkeit seiner Ingenieure. Sie entwerfen und bauen hohe Belagerungsmaschinen für die Bogenschützen, Katapulte, um die Festungsmauern zum Einsturz zu bringen, sowie **provisorische Brücken**, um durch die so entstandenen Lücken schnell ins Innere der Städte vorzudringen. Mit jedem Hindernis wächst Alexanders Ehrgeiz, es zu beseitigen. Für die Inder ist sein Vorgehen völlig neu, und sie fliehen von Festung zu Festung. Die Zahl der Gegner nimmt rasch ab, doch Alexander kennt keine Gnade und lässt jeden, der sich ihm entgegenstellt, töten. Diejenigen Inder hingegen, die sich ihm unterwerfen, belässt er sogar in ihren Ämtern, mit der Folge, dass sich viele von ihnen Alexander anschließen.

Dann erreichen sie den Indus, einen breiten und tiefen Fluss, der von Wäldern gesäumt wird. He-

Karawane: Gruppe von reisenden Händlern, die, von Tieren begleitet, ein unwegsames Gebiet durchwandern.

Republik: Staatsform, bei der die Staatsgewalt vom Volk ausgeht.

Provisorische Brücken: aus Brettern gezimmerte Übergänge, um die Festungsmauern zu überwinden.

phaistion hat dort bereits Boote, Trieren und eine Brücke erbauen lassen. Nach der Überfahrt werden die Schiffe wieder auseinander gebaut, auf Wagen verladen und auf dem weiteren Vormarsch mitgeführt. Da dieses Gebiet von Taxiles beherrscht wird, kann Alexander ohne Schwierigkeiten zum nächsten Strom, dem Hydaspes, weiterziehen.

Doch jenseits des Hydaspes herrscht König Poros. Er ist ein mächtiger Feind, verfügt er doch über 50 000 Fußsoldaten, 3 000 Reiter, 1 000 Wagen und außerdem über 200 Kampfelefanten!

Den Makedoniern sind diese riesigen Tiere zwar schon begegnet, aber noch nie auf dem Schlachtfeld. Poros' gewaltige Armee erwartet Alexander bereits am gegenüberliegenden Ufer des Hydaspes. Der Fluss ähnelt in Breite und Tiefe dem Indus, doch seine Fluten sind von der Schneeschmelze und den **Monsunregen** stark angeschwollen. Viel Zeit hat Alexander nicht mehr, denn Poros hofft auf die Ankunft eines mächtigen Verbündeten ...

Monsunregen: sehr ergiebige Regenfälle zur Zeit des Monsun (zweimal im Jahr), die den Griechen fremd sind.

Wie kann die makedonische Armee unbemerkt den Fluss überqueren? Alexander braucht nicht lange, um eine Lösung zu finden. Mehrere Tage lang lässt er immer wieder zum Aufbruch blasen und seine Truppen hin und her marschieren, als ob er mal hier, mal dort den Fluss überqueren will. Jedes Mal bewegt auch Poros seine Truppen auf der anderen Seite in Richtung der Makedonier, um einen möglichen Angriff abzuwehren. Doch schon bald beschränkt er sich darauf, die Bewegungen der Gegner nur noch zu beobachten. Alexander hat unterdessen den idealen Ort zur Überquerung des Hydaspes gefunden: eine von Bäumen umgebene Flussbiegung, in der man Schiffe und Pferde gut verbergen kann.

Schließlich kommt in einer Gewitternacht das Zeichen zum Aufbruch. Der Regen ist stärker geworden, der Donner grollt, und den schwarzen Himmel durchzucken lange Blitze. Die Gegner können die Soldaten, die im Schutz der Bäume in die Boote steigen, unmöglich hören, geschweige denn sehen. Im Morgengrauen gibt Alexander das vereinbarte Signal zum Aufbruch, und die Armee beginnt mit dem Übersetzen. Poros bemerkt die Gegner erst, als die Reiter bereits am Ufer sind. Er will seine Stellung um keinen Preis verlassen, denn schon wagt sich Krateros zusammen mit den Fußsoldaten seinerseits über den Fluss. Poros schickt den Reitern daher nur einige Streitwagen unter der Führung seines Sohnes entgegen, doch

der Boden ist vom Regen aufgeweicht, die Räder bleiben stecken, und die Wagenlenker werden leichte Beute für die Makedonier.

Alexander stößt jetzt direkt gegen Poros vor. Dieser hat seine Elefanten in vorderster Front aufgestellt, dahinter folgen die Reihen der Infanterie. Seine Armee sieht aus wie eine sich bewegende Stadt, die von Türmen flankiert wird! Alexander entscheidet sich für einen Kavallerieangriff von den Flanken aus. Die Inder weichen zurück, werden aber von ihren Elefanten aufgehalten. Die makedonische Phalanx stößt in Richtung der Tiere vor und versucht, die Elefantenführer mit Speeren anzugreifen. Aber die Kolosse richten unter ihnen ein wahres Blutbad an, die Soldaten werden zertrampelt oder von Elefantenrüsseln umfasst und in die Luft geschleudert. Der Aufprall auf die Erde bricht ihnen schließlich alle Knochen. Wieder

andere geraten in den Lanzenregen der Verteidiger und werden tödlich verwundet. Doch die Makedonier geben nicht auf, und schließlich gelingt es ihnen doch, die Elefantenführer zu töten. Führerlos trampeln die Elefanten jetzt auch die eigenen Soldaten zu Tode.

Poros lässt einige noch unverletzte Tiere sammeln und auf die Gegner zulaufen. Auch er selbst steigt auf einen der größten Elefanten. Mit seiner eigenen Körpergröße von fast zwei Metern wirkt er auf dem Elefantenrücken wie ein Riese! Die Makedonier erschrecken, aber Alexander hat aufgepasst und setzt eine Gruppe von Bogenschützen auf Poros an. Er wird mehrfach getroffen und blutet so stark, dass der Elefantenführer den Elefanten niederknien lässt, um den König, den er für tot hält, von seinem Rücken zu holen. Als die Makedonier zu dem leblosen Körper vorstoßen wollen, beginnt der Elefant, den König zu verteidigen! Niemand darf sich ihm nähern, und ohne fremde Hilfe hebt er Poros wieder auf seinen Rücken. Doch bereits wenig später haben die Makedonier das Tier mit Speeren und Pfeilen durchsiebt, und es bricht leblos zusammen.

Poros aber ist noch am Leben. Von seinem Mut beeindruckt, lässt ihn Alexander weiterhin wie einen König behandeln und wacht persönlich über seine Genesung. Unterdessen lässt er auf beiden Seiten des Hydaspes jeweils ein neues Alexandria bauen. Die eine Stadt nennt er zu Ehren seines Pferdes Bukephala. Alexander hatte das Tier in seiner Jugend selbst gezähmt und sich nie wieder von ihm getrennt, bis es in der Schlacht am Hydaspes starb.

Nachdem er den Göttern geopfert hat, folgt er dem Rat Poros' und zieht weiter nach Osten. Noch drei weitere Flüsse gilt es zu überqueren, durch unbekannte Regionen zu marschieren und fremde Völker zu unterwerfen ...

Die Makedonier erleben Wunder über Wunder, aber auch zahllose Schrecken. Sie stoßen auf ihnen unbekannte Tiere, wie Affen, Papageien, **Pythons** oder **Tigerhunde**. Manchmal müssen sie sich mühsam ihren Weg durch unwegsames Gelände bahnen, das vor ihnen noch kein Mensch betreten hat. Und immer wieder stoßen sie auf neue Festungen, feiern Siege oder schlagen Aufstände nieder ...

Doch je weiter Alexander vordringt, desto näher kommt er den **Grenzen der bekannten Welt**. Einer der Herrscher im Gebiet des Hyphasis, des letzten der großen **Zuflüsse** des Indus, warnt ihn: „Das Schlimmste steht dir noch bevor! Auf der anderen Seite des Flusses erstreckt sich ein riesiges Reich, das von einem mächtigen König regiert wird. Doch erst nachdem du zwölf Tage durch die Wüste marschiert bist, wirst du ihm gegenüberstehen."

Erst glaubt ihm Alexander nicht so recht, aber dann stürzt er sich mit Feuereifer in diese neuen Herausforderung. Doch die Armee ist müde.

Der König lässt alle seine Männer versammeln, fest davon überzeugt, sie wie üblich mit einer flammenden Rede für seinen Plan begeistern zu können. Doch dieses Mal gelingt es ihm nicht. Die Armee lauscht ihm schweigend. Niemand wagt ein Wort, alle Augen sind auf den Boden gerichtet. Alexander

Pythons: Riesenschlangen. **Tigerhunde:** tibetanische Doggen, die nach Meinung der Griechen aus einer Kreuzung zwischen Tiger und Hund stammen. **Die Grenzen der bekannten Welt:** Für die Griechen endet Indien hinter dem Industal. **Zufluss:** Fluss, der in einen größeren Fluss mündet.

ist verwirrt, und schließlich fasst sich Koinos ein Herz. „Alexander, mach die Augen auf! Wo sind deine treuen Makedonier geblieben? Fast alle, die mit dir den **Hellespont** überquert haben, sind nicht mehr an deiner Seite. Viele sind verhungert, verdurstet oder an ihren Verletzungen gestorben, andere leben in Garnisonen oder als Besatzer in der Fremde. Und wir, die übrig geblieben sind, sind erschöpft. In acht Jahren sind wir mit dir 20 000 Kilometer durch die Welt gezogen! Sieh uns an! Wir tragen die Kleidung der Barbaren, die Griechen haben uns verlassen, unsere Waffen sind stumpf, und die Hufe unserer Pferde sind abgelaufen! Wir wollen nur noch eines: Unsere Familien, unsere Heimat wiedersehen! Ziehe mit uns nach Hause, Alexander! Später einmal kannst du wieder zu einem neuen Feldzug aufbrechen!"

Die Soldaten brechen in Beifallsrufe aus, alle stehen hinter Koinos. Alexander zieht sich wütend in sein Zelt zurück. Dort wartet er drei Tage lang vergeblich auf die Zustimmung seiner Soldaten.

Schließlich ist er derjenige, der nachgibt. Er lässt die Truppen antreten und verkündet die Umkehr in Richtung Hydaspes. Doch er will das eroberte Gebiet nicht verlassen, ohne ein Zeichen gesetzt zu haben, und so lässt er zwölf Statuen der **Olympischen Götter** aufstellen. Damit sollen die Götter, aber auch er selbst geehrt werden. Jede der Statuen ist 20 Meter hoch. Außerdem wird in seinem Auftrag ein riesiges Heerlager errichtet, als sichtbares Zeugnis für die Größe der makedonischen Armee.

Hellespont:
die Meerenge zwischen Ägäischem und Schwarzem Meer.

Olympische Götter:
die wichtigsten griechischen Götter, die auf dem Gipfel des Olymp leben.

INDIEN liegt für die Griechen am Rande der Welt. Dahinter liegt nur noch der die Erde umspannende Fluss Okeanos. Nach Meinung der Griechen endet Indien bereits am Industal (im heutigen Pakistan). Die wahre Größe des Subkontinents ist ihnen unbekannt.

Flora und Fauna

Indien erscheint den Makedoniern wie ein Wunder, so viele unbekannte Dinge gibt es zu entdecken. Einige Tiere finden sie lustig, wie Affen oder Papageien, andere erregen ihre Angst, wie Tiger, Schlangen (Kobras, Pythons) oder Skorpione. Große Flächen Indiens sind von Feigenbäumen bedeckt, die sich durch ihre Luftwurzeln leicht vermehren.

Mönch (aus Gandhara)

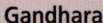

Kobra

Fremde Völker

Die Makedonier treffen auf unbekannte Völker, deren Männer sie als sehr groß, schwarzhäutig und als exzellente Krieger beschreiben.

Gandhara

Die Makedonier hinterlassen einen bleibenden Eindruck auf die Künstler der Provinz Gandhara. Im 1. bis 4. Jahrhundert verbinden sich hier indisch-buddhistische mit griechischen Elementen (Gestaltung der Körper, Faltenwurf der Kleidung).

Feigenbäume

„DIE MAKEDONIER ERLEBEN WUNDER ÜBER WUNDER, ABER AUCH ZAHLLOSE SCHRECKEN."

Alexander mit einer Kopfbedeckung aus Elefantenhaut

Alexander, der Held

Sicherlich gilt Alexander nach seinem Sieg über Poros und dessen Elefanten als Held und steht auf einer Stufe mit Herakles. Auf dieser Münze trägt Alexander eine Elefantenhaut auf dem Kopf. Als Vorbild dafür dient Herakles, dessen Kopf oft mit dem Haupt des Nemäischen Löwen abgebildet wird!

Die Elefanten

Die Griechen kennen bereits den Wert des Elfenbeins. Sie lernen, die Elefanten zu jagen und zu zähmen, um sie als Zugtiere oder als Kriegswaffen einzusetzen.

Kriegselefant

Brahmane (Priester)

Nackte Weise

Der griechische Name „Gymnosophisten" bezeichnet indische Mönche und Brahmanen, die eine totale Kontrolle ihres Körpers anstreben und in völliger Askese leben. Sie zeigen wenig Interesse an Alexander, obwohl er immer wieder Kontakt zu ihnen sucht. Sie sind die Wurzel des indischen Widerstandes gegen die Makedonier.

Rückweg zum Ozean

Am Hydaspes angekommen, verbringt Alexander den Herbst damit, seine Flotte zu verstärken, um die Flüsse hinab in Richtung **Okeanos** zu fahren. Für seinen Rückweg nach Babylon wählt er damit die südliche Route, denn das hat vor ihm noch kein Grieche gewagt, nicht einmal die großen Helden!

Unterdessen treffen die Truppenverstärkungen ein, und innerhalb weniger Wochen sind auch die Schiffe fertig. Alexander verfügt jetzt über mehr als 1000 Trieren und Transportschiffe. Er überträgt Poros die Verwaltung der Provinz und ordnet an, dass ihnen Hephaistion und Krateros mit den Truppen, dem Gepäck und den Elefanten entlang dem Flussufer folgen sollen. Vor dem Aufbruch werden Herakles, Amun und den Flussgöttern **Trankopfer** dargebracht. Im Morgengrauen sticht die Flotte in See. Die Schiffe bilden ein großartiges Bild! So etwas haben die Inder noch nie gesehen! Schiff reiht sich an Schiff – so fahren die Makedonier den Fluss hinunter. Am Ufer sind das regelmäßige Eintauchen der Ruder ins Wasser und die Rufe der **Taktgeber** zu hören. Lange verfolgen

Okeanos: Nach der Vorstellung der Griechen umspannt der Okeanos die ganze Erde.

Trankopfer: Man schüttet eine Flüssigkeit (Wein, Milch oder Wasser) auf den Boden oder auf einen Altar, um einem Gott zu opfern.

Taktgeber: Er bestimmt die Geschwindigkeit der Ruderschläge.

die Inder das prächtige Schauspiel, und singend und tanzend begleiten sie die Schiffe im Takt ihrer Tamburine.

Die Reise verläuft ohne Probleme, bis sich die Schiffe dem ersten **Zusammenfluss** nähern. Dann wird das Flussbett sehr schmal, und die Strömung wird stärker. Das Wasser beginnt, gewaltig zu rauschen. In diesem Strudel reagieren die Schiffe unterschiedlich. Die runden Transportschiffe drehen sich erst um ihre eigene Achse, doch dann folgen sie der Strömung und überstehen den Strudel unbeschadet. Die Ruder der **langen und schmalen Schiffe** jedoch brechen, und die Schiffe werden an einigen Stellen beschädigt. Zwei von ihnen sinken sogar mitsamt der Mannschaft. Als der Fluss wieder breiter wird, lässt Alexander am Ufer ankern, um die Schiffbrüchigen an Bord zu nehmen und die Schäden an den Schiffen zu reparieren.

Dann kommen sie ins Land der ihnen feindlich gesonnenen Maller. Alexander geht nach seiner üblichen Taktik vor: Überraschungseffekt, Angriff, Belagerung. Die Besiegten werden ohne Gnade niedergemacht. Doch die Maller verhalten sich anders, als die Makedonier es gewohnt sind. Beeinflusst von **Brahmanen**, die ihren Widerstand unterstützen, ziehen sie es vor, sich selbst mitsamt ihrer Städte zu verbrennen, statt sich zu ergeben.

Beim Angriff auf ihre Hauptstadt entgeht Alexander selbst nur knapp dem Tod. Die Soldaten greifen die Festungsmauern an und versuchen, sie mit Leitern zu erklimmen. Auch Alexander greift nach einer Leiter und klettert nach oben. Seine

Zusammenfluss:
Stelle, an dem sich ein Nebenfluss mit einem größeren Fluss vereint.
lange und schmale Schiffe:
schnelle und wendige Kriegsschiffe mit niedriger Bordwand.
Brahmanen:
indische Priester. Einige unter ihnen predigen den Selbstmord durch Verbrennen.

Leibgarde, Peukkastas, der den heiligen, aus Troja stammenden Schild der Athene trägt, und zwei andere Offiziere können erst mit einigem Abstand folgen. Die Männer schämen sich ihrer Langsamkeit und stürzen hinter ihm die Leiter hinauf. Diese verkraftet jedoch einen solchen Ansturm nicht und bricht unter ihnen zusammen. Alexander bleibt alleine auf der Mauer zurück, vor den Pfeilen der Gegner nur durch seinen Schild geschützt. Doch, ob aus Wagemut oder getrieben von seiner Gier nach Ruhm, stürzt sich Alexander plötzlich ins Innere der Festung und verschwindet vor den Augen seiner fassungslosen Offiziere. Drinnen landet er auf einem Baum und sieht sich von Feinden umzingelt, die jedoch anfangs zu überrascht sind, um ihn anzugreifen. Aber sie zögern nur einen kurzen Moment, und dann regnen Pfeile und Speere auf ihn nieder, während er sich mit Steinen zu wehren versucht. Schließlich werden die Maller immer kühner und kommen näher. Alexander kann einige von ihnen mit seinem Schwert töten, bevor er selbst von einem Pfeil getroffen wird, der seinen Brustpanzer durchschlagen hat. Ihm wird schwarz vor Augen, und er bricht zusammen. Glücklicherweise erscheint seine Leibgarde gerade noch rechtzeitig. Peukkastas schützt ihn mit seinem Schild, während die beiden anderen Offiziere die Angreifer abwehren. Ein Leibgardist wird schwer getroffen, doch die beiden anderen halten durch, obwohl auch sie verletzt sind.

Endlich kommen auch die anderen Makedonier! Die ersten Soldaten bringen Alexander in Sicherheit, während die anderen, außer sich vor Wut und vor Sorge, ihrem König könnte etwas zugestoßen sein, grausam gegen die Maller wüten. Nur wenige Feinde können entkommen.

Ins Lager zurückgekehrt, muss Alexander operiert werden. Die Wunde wird erweitert, um den Pfeil herausziehen zu können. Alexander verliert sehr viel Blut und wird einige Male ohnmächtig. Seine Männer sind in Sorge und weichen nicht von seinem Zelt, viele haben Tränen in den Augen. Doch schließlich setzt sich die robuste körperliche Verfassung Alexanders durch, und er kommt allmählich wieder auf die Beine.

Doch in der Zwischenzeit machen Gerüchte über seinen Tod die Runde. Die Makedonier fühlen sich verloren in diesem fremden Land voll tosender Flüsse und sehen sich von schier unüberwindbaren Hindernissen umgeben. Als Alexander von ihrer Mutlosigkeit erfährt, lässt er sich auf einem

Schiff direkt vor das größte Lager bringen. Damit ihn alle gut sehen können, verzichtet er auf den Schutz seines Zeltes. Er lehnt eine **Sänfte** ab und geht ohne Hilfe an Land. Dort besteigt er unter dem Jubel der Soldaten sein Pferd. Endlich beruhigt, nähern sie sich ihm, einige wollen ihn berühren und küssen. Sie machen ihm bittere Vorwürfe: „Was wäre nur aus uns geworden, wenn du uns verlassen hättest? Du bist unser Führer, wir brauchen dich! Du darfst dich nicht mehr in so große Gefahr bringen!"

Sänfte: Tragsessel.

Alexander ist glücklich über die Liebe und Zuneigung, die ihm entgegenschlägt, und antwortet: „Aber gerade weil ich immer an eurer Seite war, wenn wir in die Schlacht gezogen sind, auch wenn es gefährlich war, habt ihr so großes Vertrauen zu mir!"

Kaum ist er wieder gesund, zieht Alexander weiter. Neue

Truppen verstärken die Armee, neue Festungsstädte, die Alexanders Namen tragen, sichern seine Herrschaft. Doch die Truppen stoßen auch auf neue Gefahren, zum Beispiel durch feindliche Giftpfeile. Selbst wenn die Soldaten durch die Pfeile nur leicht verletzt werden, spüren sie bald eine seltsame Benommenheit, auf die starke Schmerzen folgen.

Wundbrand: Blutvergiftung durch eine nicht heilende Wunde.

Delta: fächerförmiges Mündungsgebiet eines Flusses ins Meer.

Wenig später leiden sie unter Schüttelfrost und Krämpfen, bis sie schließlich an **Wundbrand** sterben. Doch durch ein Wunder gelingt es Alexander, ein Mittel gegen das Gift zu finden. Als auch sein Freund Ptolemäus von einem Pfeil getroffen wird, sieht er im Traum eine Pflanze, die als Gegengift helfen kann. Dadurch können Ptolemäus und viele andere Männer gerettet werden.

Endlich sind auch diese Feinde bezwungen, und ihre Priester werden hingerichtet. Die Makedonier sind nunmehr so gefürchtet, dass ganze Völker mitsamt ihrer Könige die Flucht ergreifen, wenn sie nur in ihre Nähe kommen! Die Könige, die sich Alexander freiwillig unterwerfen, überreichen ihm kostbare Geschenke. Musikanos zum Beispiel schenkt ihm, außer einer großen Zahl von Wagen und Pferden, auch zahme Löwen und Tiger, sowie Leopardenfelle und Schildkrötenpanzer.

Bevor sie das **Indusdelta** erreichen, plant Alexander die weitere Rückkehr nach Westen. Krateros soll seine Truppen samt Verletzten, Gepäck und Elefanten durch das bereits befriedete Arachosien bis nach Karmanien führen. Alexander und die restliche Armee werden den Fluss hinab bis zur Spitze des

Deltas ziehen. Dort werden sie Brunnen graben, Werften anlegen und einen Hafen bauen. Keine leichte Aufgabe! Besonders die Tatsache, dass sich alle Einheimischen aus der Gegend zurückgezogen haben, erschwert die Fahrt, denn den Makedoniern fehlen ortskundige Schiffslotsen.

Kaum haben sie die schweren Monsunregen überstanden, taucht bereits ein neues Problem auf.

Als sie ihre Schiffe im Schutze einer kleinen Bucht vor Anker gelegt haben, fängt das Wasser aus unerfindlichen Gründen an zu sinken! Bald liegen die Schiffe auf dem Trockenen und neigen sich zur Seite. Soldaten und Ruderer sind verängstigt und das umso mehr, als sich der Vorgang nach wenigen Stunden umkehrt und das Wasser wieder steigt. Die Männer flüchten auf kleine Inseln, die jedoch bald ebenfalls überflutet werden. Schlimmer noch: Die Schiffe werden ruckweise wieder aufgerichtet. Bei schlammigem Untergrund ist das nicht so schlimm, wenn sie aber auf felsigem Grund liegen, werden die Schiffe gegen die Steine gestoßen und beschädigt. Nachdem die notwendigen Reparaturarbeiten abgeschlossen sind, bricht die Flotte unverzüglich auf, denn Alexander hat inzwischen das Prinzip von **Ebbe und Flut** begriffen.

Ebbe und Flut:
Die Gezeiten sind den Griechen, die nur das Mittelmeer kennen, unbekannt.

Poseidon:
Gott des Meeres.

Als sie endlich das offene Meer erreicht haben, lässt Alexander zu Ehren **Poseidons** Stiere opfern, die anschließend ins Wasser geworfen werden. Auch seine goldene Trinkschale, aus denen er seine Trankopfer darbringt, übergibt er dem Meer. Damit markiert er das Ende seines Weges, weiter will er nicht vordringen.

Er vertraut dem Kreter Nearchos die Aufgabe an, die Küste

bis zur Mündung des Euphrat zu erkunden. Auf halbem Wege will Alexander mit ihm in Karmanien zusammentreffen, denn ihm ist dieser Erkundungszug so wichtig, dass er Nearchos mit seinen eigenen Männern folgen will, um die Wasser- und Getreideversorgung zu sichern.

Dann geht es weiter! Die Armee setzt sich in Richtung Gedrosien in Bewegung. Anfangs zieht sie dicht an der Küste entlang. Doch sein Ruf ist Alexander vorausgeeilt, und kaum kommt er näher, fliehen die Menschen in die Wüste! Wie will man jetzt den Nachschub sichern? Etwas weiter versuchen außerdem die feindlichen Oreiter, Alexander Widerstand zu leisten. Sie können jedoch schnell unterworfen werden.

Gedrosien ist eine Wüstenprovinz. Die Soldaten marschieren nachts, um die große Hitze bei Tag zu meiden. Wasserstellen sind selten, und die Vorräte gehen zur Neige, sodass sich die Männer von Wurzeln ernähren müssen. Sie sind so ausgehungert, dass sie sogar ihre abgemagerten **Zugtiere** schlachten. Ihre Beute müssen sie in der Wüste zurücklassen. Nur so haben sie die Chance, eine weniger feindselige Gegend zu erreichen!

Zugtiere: Tiere, die die Aufgabe haben, Wagen mit Lasten zu ziehen.

Die schwächsten Soldaten werden in der Wüste zurückgelassen, denn sie würden den Weitermarsch nur behindern. Mit gesenkten Köpfen ziehen die anderen weiter und versuchen dabei angestrengt, das Flehen und die Verwünschungen der Zurückgelassenen zu überhören.

Als Alexander zwei Monate später Pura erreicht, hat er drei Viertel seiner Soldaten verloren, und auch der Rest seiner Armee befindet sich in einem erbärmlichen Zustand.

DIE FLÜSSE UND DER OZEAN

sind große Hindernisse für Alexanders Eroberungszug in Asien. Doch ebenso wie die Wüste oder hohe Berge können sie seinen Vormarsch nicht aufhalten und werden überwunden.

Der Blauwal kann bis zu 15 Meter lang werden.

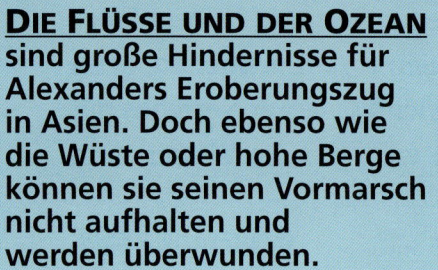

Floß auf einem pakistanischen Fluss

Der Ozean

Der Ozean birgt für die Makedonier zahlreiche Gefahren, wie zum Beispiel die am Mittelmeer unbekannten Gezeiten oder die Wale, die beängstigend großen Meerestiere.

Schiff mit Ruderern

„Im Morgengrauen sticht die Flotte in See."

Der Indus

Die Flüsse

Einige sind leicht zu überqueren, wie zum Beispiel der Granikos. Doch meistens sind die Flüsse sehr tief, oder in ihrer Mitte herrscht eine starke Strömung, weshalb sie nur mit Übergängen oder Brücken bezwungen werden können. Sind sie sehr breit, wie der Indus oder der Tigris, kommt man nicht ohne Flöße oder Schiffe aus. Manchmal lässt Alexander auch Sand oder große Steine ins Flussbett schütten. Fehlt es an Holz für den Bau von Flößen, greift Alexander auf mit Stroh gefüllte Säcke aus Tierhäuten zurück.

Die Schiffe

Breite Boote werden miteinander verbunden und bilden so schwimmende Brücken. Truppen, Nachschub und vor allem Pferde werden auf großen Transportschiffen befördert, die zwar nicht kentern, aber nur langsam vorankommen. Kriegsschiffe hingegen sind schmal und lang und mit mehreren Ruderreihen bestückt, was ihre Schnelligkeit ausmacht. Doch sie reagieren auch empfindlich auf die Strömung, denn die Ruder liegen sehr niedrig und können nicht schnell genug aus dem Wasser gezogen werden, um starker Strömung auszuweichen.

Die Krokodile

Eine weitere Gefahr für die Makedonier sind die Krokodile. Alexander begegnet ihnen am Ufer des Nils, aber auch am Indus.

Die Hochzeit zu Susa

In Pura findet Alexander endlich neuen Proviant, und er kann den Soldaten die nach den Strapazen so dringend nötige Ruhepause gönnen. Danach zieht die Armee zu Ehren des Dionysos wie ein **bacchantischer Zug** durch Karmanien. Auf einer Art Plattform, die auf mehreren Wagen aufgebaut ist, sitzen Alexander und seine Freunde und feiern ausgelassen. Die Soldaten folgen ihnen zu Fuß. Sie tragen einen Kopfschmuck aus Blättern und marschieren im Takt der Flöten und der Trommeln.

Bacchantischer Zug: der Tradition nach die ausgelassen feiernden Begleiter des Dionysos, der auch Bacchus heißt.

Krateros und seine Männer sind schon am Treffpunkt in Karmanien eingetroffen. Als sich Alexander im Theater ein Schauspiel ansieht, stoßen auch Nearchos und seine Männer zu ihm, die im Persischen Golf vor Anker gegangen sind. Die Truppen sind überglücklich, die Seereise heil überstanden zu haben, und sie werden von ihren Gefährten mit herzlichem Applaus empfangen. Wenig später schildert Nearchos Alexander seine aufregenden Abenteuer.

„Ich will euch nichts von den Stürmen erzählen, die das Meer aufgewühlt haben, und auch nichts von den Gezeiten, die ganze Inseln haben verschwinden und wieder auftauchen lassen. Denn wie viel schrecklicher waren die **Meeresunge-heuer**, die wir gesehen haben und die größer waren als unsere Schiffe! Wir dachten, unsere letzte Stunde hätte geschlagen, doch dann haben wir einen solchen Lärm gemacht, dass die Ungeheuer verschwunden sind. Und erst die Menschen! Die Bewohner dieser **unwirtlichen** Küste sind wahre Wilde, halb nackt, die sich weder die Nägel noch die Haare kürzen. Mit ihren messerscharfen Krallennägeln reißen sie große Stücke aus Fischen, etwas anderes essen sie nicht. Aus dem Meer bekommen sie alles, was sie brauchen, selbst das Material für ihre Häuser, die sie aus den riesigen Knochen der Meeresunge-heuer, die an den Strand gespült wurden, bauen."

Die Männer lauschen Nearchos' Geschichten mit offenem Mund. Alexander träumt davon, mit Nearchos aufzubrechen und noch weitere Wunder zu erleben. Schon denkt er an neue Reisen nach Arabien, Karthago und sogar nach Spanien, vorbei an den **Felsen des Herkules** ...

Doch er muss sein Reich im Auge behalten. Neue Unruhen brechen aus, um die er sich kümmern muss. Einige Satrapen und Generäle, die überzeugt waren, er würde von seiner Expedition nach Indien nicht mehr zurückkehren, haben ihre Macht zu ihrem eigenen Vorteil ausgenutzt und ihre Untertanen terrorisiert und ausgeplündert. Manche haben sich sogar offen gegen den König gestellt. Alexander handelt schnell und entschlossen, er lässt die Schuldigen hinrichten und setzt neue Führer ein.

Um die Probleme in seinem Reich besser in den Griff zu

Meeresungeheuer: in Wirklichkeit Wale.
unwirtlich: wenig angenehm oder einladend.
Die Felsen des Herkules: die Straße von Gibraltar, zwischen Spanien und Afrika.

bekommen, reist Alexander in die Hauptstadt Susa. Dort findet zunächst ein Hochzeitsfest statt. Alexander heiratet Stateira, eine Tochter des Darius, und Parysatis, die Tochter eines früheren Königs. Die beiden sind nicht seine ersten Frauen, er ist ja bereits mit Roxane aus Sogdiane verheiratet. Doch nicht nur Alexander heiratet, sondern auch 80 Männer aus seinem Gefolge. So vermählt sich Hephaistion mit der Schwester Stateiras, Krateros mit einer ihrer Cousinen und auch Nearchos, Ptolemäus und Perdikkas und die anderen Gefährten des Königs wählen Frauen unter den persischen und medischen Prinzessinnen. Die Ehen werden nach dem persischen Ritus geschlossen. Die künftigen Ehemänner sitzen auf Sesseln – es sind mehrere Reihen! – und trinken auf die Gesundheit ihrer Nachbarn, dann kommen die künftigen Ehefrauen hinzu und setzen sich an ihre Seite. Anschließend ergreift der Mann die Hand seiner Frau, küsst sie und geht mit ihr davon.

Alexander freut sich über die Bande, die so zwischen den verschiedenen und einst verfeindeten Völkern geknüpft werden und die dauerhaft den Frieden und die Einheit des Reiches sichern sollen. Wie immer zeigt er sich großzügig und überreicht jeder Prinzessin ein Hochzeitsgeschenk. Und das ist nicht alles: Jeder der inzwischen schon über 10 000 Makedonier, der in den vergangenen zehn Jahren eine Asiatin zur Frau genommen hat, bekommt von ihm einen goldenen Kelch für das Trankopfer geschenkt. Allen Kindern, die den Makedoniern von Kriegsgefangenen geboren werden, schenkt er die Freiheit und versorgt sie mit Geld, um ihre Ausbildung zu sichern.

Sein Reich ist wirklich gewaltig! Jetzt muss er sich darauf konzentrieren, es zusammenzuhalten und zu festigen.

Er beginnt in Europa. Seine früheren Verbündeten, die Griechen, gelten nunmehr nicht mehr als wichtige Ratgeber, sondern müssen seinen Befehlen gehorchen. Während der **Olympischen Spiele** werden sie durch einen Boten überrascht. Er bringt die Nachricht, dass Alexander wie in Asien auch in jeder griechischen Stadt einem Gott gleich verehrt werden möchte. Viele Griechen murren über diesen Befehl, doch Alexander ist zu mächtig …

Olympische Spiele: Alle vier Jahre finden im Zeustempel in Olympia Wettkämpfe statt, bei denen sich Griechen aus allen Teilen des Landes miteinander messen.

Dann kümmert er sich um Asien. Hochzeiten sind ein Weg, die Völker miteinander zu verbinden, Einheitlichkeit der unterschiedlichen Sitten und Bräuche ein anderer. Darauf legt Alexander großen

Wert. Er ernennt deshalb Peukkestas zum neuen Satrapen von Persien, denn dieser hat sich nicht nur den Sitten und Gebräuchen seiner neuen Untertanen angepasst, sondern auch ihre Sprache erlernt.

Die 30 000 jungen Perser, die er vor drei Jahren als Rekruten anwerben ließ, haben ihre Ausbildung jetzt beendet. Sie können in die Formation der Phalanx eingegliedert werden, genau wie die asiatischen Reiter, die ein Teil der makedonischen **Schwadronen** werden. Gleichzeitig entlässt Alexander 10 000 altgediente Kämpfer aus seinen Diensten. Die Makedonier sind außer sich vor Wut, und es kommt zur **Meuterei**. Während einer Versammlung greifen sie ihren König offen an: „Du selbst kehrst nicht nach Makedonien zurück, aber uns willst du loswerden!"

Schwadron:
Reiterstaffel.
Meuterei:
Auflehnung gegen einen Vorgesetzten.

„Sind wir dir etwa zu alt, brauchst du uns jetzt nicht mehr?"

„Stattdessen sollen die barbarischen Perser deine neuen Soldaten sein!"

„Du bist nicht mehr Alexander, der König von Makedonien, du bist der König der Perser geworden!"

Alexander erblasst, und seine Züge verhärten sich. Mit seiner Geduld am Ende, springt er von dem Podest, auf dem er gestanden hat, läuft durch die Reihen seiner Männer und zeigt auf die Anführer des Aufstandes. Die 13 Männer sollen sofort hingerichtet werden.

Den anderen Soldaten, die jetzt völlig verängstigt sind, schleudert er entgegen: „Ihr habt ein schlechtes Gedächtnis, Makedonier! Deshalb werde ich euch daran erinnern, wen ihr vor euch habt, und wer ihr seid! Als mein Vater Philipp noch euer König war, wart ihr nichts als Viehhirten, nur mit Fellen bekleidet. Ihr habt eure Tiere über die mageren Weiden der Berge getrieben und wart den Angriffen der Thraker schutzlos ausgeliefert. Philipp hat euch erzogen, er hat euch Kleidung gegeben, Städte gebaut, Gesetze erlassen und den Handel eingeführt. Unter seiner Führung habt ihr nicht nur die Thraker, sondern auch die Thebaner und die Athener besiegt.

Doch das alles ist noch nichts gegen das, was ich euch geschenkt habe! Von meinem Vater habe ich vor allem Schulden übernommen, und ich musste mir viel Geld leihen, um unser Land, das euch nicht mehr ernähren konnte, zu vergrößern. Und jetzt? Jetzt besitzt ihr alle Reichtümer Asiens! Ich selbst habe nichts für mich behalten, außer dem **Purpurmantel** und der

Purpur: tiefroter Farbstoff, der zur Färbung von Kleidungsstücken hoher Würdenträger verwendet wird.

Krone, doch nicht einmal das gönnt ihr mir. Nicht für mich habe ich alle diese Schätze erobert, ich habe wie ein einfacher Soldat gegessen und geschlafen, war immer als Erster auf den Beinen. Ich habe an eurer Seite gekämpft, mein Körper ist mit Wunden übersät, kein Körperteil ist verschont geblieben, genau wie bei euch.

Und nicht allein Reichtümer habe ich euch gebracht, sondern auch Ruhm, goldene Kronen für die Lebenden, prunkvolle Begräbnisse für die Toten. Und jetzt will ich denen die wohlverdiente Erholung schenken, die so tapfer für mich gekämpft haben und darüber alt geworden sind.

Doch wenn ihr mich verlassen wollt, dann geht. Sagt den Makedoniern, dass ihr euren König, diesen Alexander, der euch bis ans Ende der Welt geführt hat, in den Händen von besiegten Barbaren zurückgelassen habt. Los, geht schon!"

Mit diesen Worten springt er auf den Boden und geht davon. Nur seine engsten Freunde begleiten ihn. Er vergräbt sich drei Tage in seinem Palast, dann lässt er die nobelsten Perser zusammenrufen und erteilt ihnen seine Befehle. Er stellt sogar eine neue Leibgarde aus den Reihen der Perser zusammen.

Die Makedonier sind verzweifelt und ziehen schließlich vor den Palast. Vor den Toren machen sie Halt und flehen Alexander an, ihnen zu verzeihen. Vorher wollen sie sich nicht von der Stelle rühren. Der König gibt ihren Bitten schließlich nach, und als er sieht, dass seine Soldaten weinen, kann auch er seine Tränen nicht zurückhalten. Um seine Makedonier zu versöhnen, die vor allem verletzt sind, dass die Perser ihn wie einen Verwandten küssen dürfen – ein Privileg, das ihnen verwehrt ist –, ernennt Alexander sie alle zu „Verwandten Alexanders", und diejenigen, die es wünschen, dürfen ihn auch küssen.

Um das Ende des Streits zu feiern, lässt er ein riesiges Zelt aufstellen und lädt zu einem üppigen Festmahl ein. An seiner Seite sitzen die Makedonier, daneben die Perser und die Würdenträger der anderen asiatischen Völker. Insgesamt haben sich unter dem Zeltdach 9000 Personen versammelt. Alle feiern das gleiche Trankopfer und benutzen die gleichen **Krater**. Danach stimmen sie gemeinsam einen **Päan** an.

Kurze Zeit später, der Herbst ist bereits angebrochen, reist Alexander nach Babylon, doch zuvor macht er in Ekbatana Halt. Er träumt bereits von neuen Eroberungen, doch das Schicksal entscheidet anders ...

Krater: breite Trinkschale, in der man den sehr starken Wein mit Wasser verdünnt.
Päan: Choral oder Hymne zu Ehren eines Gottes oder nach einer gewonnenen Schlacht.

DIE FRAUEN haben für Alexander vor allem eine politische Funktion. Im Leben des Königs gibt es so wenig Platz für Romantik, dass antike Geschichtsschreiber einige Liebesgeschichten erfinden, etwa eine Begegnung Alexanders mit der Königin der Amazonen.

Junge Griechin

*Astarte,
die phönikische Göttin
der Fruchtbarkeit*

Unterschiedliche Frauen
Von Griechenland bis Asien, von Phönikien bis Sogdiane treffen Alexander und seine Männer auf Frauen, die sich zwar in ihrer Kleidung und durch körperliche Merkmale stark unterscheiden, deren Aufgaben jedoch fast immer ähnlich sind: Verführung der Männer und Erziehung der Kinder. So wird Astarte, die große phönikische Göttin der Liebe und der Fruchtbarkeit, genauso verführerisch dargestellt wie eine junge Griechin, deren leichtes Gewand ihre Körperformen erahnen lässt.

Hochzeit
Die Heirat ist im Altertum das wichtigste Ereignis im Leben einer Frau. Die Herrschaft über die Frau geht damit vom Vater auf den Ehemann über, außerdem lernt sie in der Ehe die Mutterschaft kennen. Frauen, die im Krieg gefangen genommen werden, gelten als Sklavinnen. Oft werden sie gegen ihren Willen in die Ehe mit einem Sodaten gezwungen, der sie häufig bei seiner Heimreise, genauso wie die gemeinsamen Kinder, alleine zurücklässt.

Vorbereitungen für eine griechische Hochzeit

Afghanin

Politische Bündnisse
Nur adlige Frauen werden von Männern mit Respekt behandelt, da sie als Töchter einflussreicher Männer eine politische Rolle spielen können. Indem Alexander und seine Generäle Ehen mit Frauen eingehen, besiegeln sie Verträge mit deren Vätern. Es ist umstritten, ob Alexanders Heirat mit Roxane nur politische Gründe hat. Zeitgenossen berichten von ihrer großen Schönheit und Anmut!

> **„DOCH NICHT NUR ALEXANDER HEIRATET, SONDERN AUCH 80 MÄNNER AUS SEINEM GEFOLGE."**

Die Amazonen
Legendäres Reitervolk, das nur aus Frauen besteht, die hervorragend mit dem Bogen umgehen. Männer dürfen sich ihnen nur nähern, wenn sie ein Kind empfangen wollen. Nur ihre Töchter erziehen die Frauen selbst. Die Königin der Amazonen hat von Alexander gehört und zieht zu ihm, um eine Tochter von ihm zu bekommen, die eine „perfekte Kriegerin" werden soll. Alexander geht auf dieses Angebot ein ...

Amazone

Das Ende des Feldzuges

Ekbatana, unglückselige Stadt! Dabei hat alles so gut begonnen: Alexanders Tage und die seiner Freunde sind wie üblich angefüllt mit Festen, Spielen, Opfern und Orgien. Doch plötzlich wird Hephaistion von einem schrecklichen Fieber niedergeworfen. Sechs Tage später, als Alexander sich gerade ein Wettrennen der **jungen Männer** ansieht, überbringt ihm ein bleicher Bote eine Nachricht: „Alexander, komm schnell, Hephaistion geht es sehr schlecht!"

Sofort eilt der König an Hephaistions Krankenlager. Doch es ist bereits zu spät: Sein Freund ist tot.

In grenzenlosem Schmerz wirft sich Alexander über den toten Körper des Freundes. Nur mit Mühe gelingt es seinen Männern, ihn wieder von ihm zu trennen. Drei Tage lang liegt er teilnahmslos auf seinem Bett, ohne zu essen und zu trinken. Als er sich schließlich wieder erhebt, treibt ihn sein Schmerz zu brutalen Entscheidungen: Er lässt nicht nur seine eigenen **Haare schneiden**, sondern auch die Mähnen der Pferde scheren, verbietet das Flötenspiel und lässt die Mauern der nahen Städte zerstören. Sein grausamster Befehl ist aber der, den Arzt Glaukias

junge Männer:
An den Wettspielen durften ausschließlich Männer teilnehmen.
Haare schneiden:
ein Zeichen für große Trauer und tiefen Schmerz.

töten zu lassen, dem es nicht gelungen ist, Hephaistion zu heilen. Er ruft für das gesamte Reich Staatstrauer aus, sogar die Feuer der Opferaltäre werden gelöscht, was sonst nur beim Tod des Großkönigs geschieht. Viele halten das für ein **schlechtes Omen**. Alexander lässt ein prunkvolles Begräbnis vorbereiten. Man bringt Hephaistions Leichnam nach Babylon, wo die Feierlichkeiten stattfinden sollen.

Auf seinem Weg nach Westen führt Alexander seine Armee gegen die Kosser, ein räuberisches Bergvolk, das er noch nicht unterworfen hat. Damit will er sich auf seine Art von der Trauer um Hephaistion ablenken. Der Kampf gleicht einer erbarmungslosen Menschenjagd. Er lässt den Kossern wie Opfertieren die Kehle durchschneiden, eine Art Totenopfer für Hephaistion ...

Doch selbst in seiner Trauer vergisst Alexander seine Zukunftspläne nicht. Er schickt einen Teil seiner Armee in die Berge Hyrkaniens, um dort **Zedern** zu schlagen, aus denen er neue Kriegsschiffe bauen lassen will. Diese Schiffe benötigt er, um das Hyrkanische Meer im Norden und die Arabische Halbinsel im Süden zu erkunden.

Einige Kilometer vor den Toren Babylons trifft er auf eine Gruppe von **chaldäischen Priestern**. Sie warnen ihn davor, die Stadt zu betreten, denn dort erwarte ihn der Tod. Die Sterne, so sagen sie, stehen schlecht für ihn. Anfangs ist Alexander beunruhigt, doch der Philosoph Anaxerxes überzeugt ihn davon, ihre Worte als **Aberglauben** abzutun. Er zieht weiter, allen Warnungen zum Trotz. Es scheint fast, als ob eine göttliche Macht Alexander nach Babylon treibt ...

Im Frühling erreicht er endlich die Stadt. Viele Abgesandte kommen in den Palast, um dem König zu huldigen, um ihm Geschenke zu bringen und um Verträge mit ihm abzuschließen. Alexanders Ruf geht um die Welt! Es kommen Abgesandte aus Griechenland, Afrika, Italien, ja sogar aus dem fernen Spanien. Erst nachdem Alexander sie alle empfangen und, wenn möglich, ihren Anliegen entsprochen hat, kann er sich endlich den Trauerfeiern für Hephaistion widmen.

Er lässt einen riesigen Scheiterhaufen errichten, 200 Meter lang, 200 Meter breit und 60 Meter hoch. Der Scheiterhaufen ist mit im Krieg erbeuteten Schätzen, glänzenden goldenen Statuen und Kronen geschmückt. Die Sänger, die die Totenklage anstimmen, sind in ausgehöhlten Statuen verborgen, die **Sirenen** darstellen. Nach der Zeremonie folgt ein üppiges Festmahl, für das 10 000 Tiere geopfert werden. Auch die künstlerischen und sportlichen Wettkämpfe, die die Trauerfeier begleiten, sind außergewöhnlich. Sage und schreibe 3 000 Menschen nehmen an ihnen teil. Insgesamt kostet die Feier mehr als 10 000 Talente.

Fortan gibt es im Reich einen besonderen **Heldenkult** um Hephaistion. Ihm zu Ehren werden Tempel errichtet, vor allem in Alexandria, wo den Hephaistion-Tempel Statuen aus Gold und Elfenbein schmücken, die seine Freunde in Auftrag gegeben haben. Auch sie müssen sich Alexanders Wünschen beugen ...

Aberglaube: der Glaube an Vorzeichen, die Glück oder Unglück verheißen, die man aber nicht beweisen kann.

Sirene: Fabelwesen, halb Frau, halb Vogel.

Heldenkult: Verehrung eines Helden.

Alexander widmet sich weiter seinen **Expansionsplänen.** Zur Verstärkung der Flotte lässt er nicht nur neue Schiffe bauen, sondern auch bereits vorhandene phönikische Schiffe zerlegen und nach Babylon transportieren. In Babylon wird ein neuer Hafen gebaut, der Platz für 1 000 Schiffe bieten soll. Auch neue Werften entstehen. Für die Besatzung der Schiffe werden syrische und phönikische Matrosen, Taucher und Fischer **angeheuert.** So entsteht eine riesige Flotte, mit der Alexander Arabien erobern will. Er hat sogar schon einige Schiffe vorausgeschickt, die die Küsten der Halbinsel auskundschaften sollen. Er ist sich sicher, dass es eine Verbindung zwischen Babylonien und Ägypten auf dem Seeweg geben muss ...

Expansion: Ausdehnung (hier des Reiches). **anheuern:** einen Matrosen anwerben.

Doch die unheilvollen Vorzeichen häufen sich. Als Alexander durch die sumpfige Uferlandschaft des Tigris zieht, wird ihm von einem heftigen Windstoß die Krone vom Kopf gerissen und fällt ins Wasser. Sie bleibt im Schilfrohr hängen. Ein Taucher will sie für Alexander bergen, und um sie trocken zu ihm bringen zu können, setzt er sie sich beim Schwimmen auf den Kopf. Alexander gibt ihm zwar ein Talent als Belohnung, doch wegen seiner Unverschämtheit, die Krone des Königs aufzusetzen, lässt er ihn auspeitschen!

Nur wenig später kommt es zu einem noch bedrohlicheren Vorfall. Als Alexander eines Tages seinen Thron verlässt, um ein Bad zu nehmen, schleicht sich ein Unbekannter durch die Reihen der Diener, schlüpft in den Königsmantel, setzt sich die Krone auf und nimmt auf dem Thron Platz. Ebenso entsetzt wie verblüfft wagt anfangs keiner, den seltsamen Fremden zu berühren. Erst als er vom Thron herabsteigt, ergreift man ihn. Er kann sein Handeln nicht erklären, deshalb glaubt man, er sei von einem Gott gesandt. Um das schlechte Omen von Alexander fern zu halten, wird der Fremde umgebracht. Doch hat der König überhaupt noch die Möglichkeit, dem ihm vorbestimmten Schicksal zu entgehen?

Zu Beginn des Sommers werden die schlimmsten Befürchtungen wahr. Bei einem festlichen Abendessen beginnt Alexander plötzlich, laut zu schreien. Er windet sich vor Schmerzen und wird in seine Gemächer gebracht. Nach einem beruhigenden Bad und einem langen Schlaf scheint es ihm am nächsten Morgen besser zu gehen. Er fühlt sich sogar so gut, dass er an einem weiteren Fest teilnimmt. Es soll sein letztes sein. Er bekommt starkes Fieber, das nicht mehr zurückgeht. Obwohl er sein Zimmer nicht mehr verlassen kann, bereitet er unermüdlich seinen Feldzug nach Arabien vor, auch wenn er seine Generäle vom Bett aus empfangen muss.

Zwei Tage vor dem geplanten Aufbruch nach Arabien verlässt ihn seine Stimme. Seine Soldaten belagern, viele mit Tränen in den Augen, sein Zimmer. Alle wollen ihn noch ein letztes Mal sehen. Alexander kann sich kaum noch aufrecht halten und nickt ihnen kaum merklich zu. Seine Freunde reisen zum **Serapistempel**, um das Orakel zu befragen. Wenn nötig, wollen sie sogar den König selbst dorthin bringen. Doch das Orakel ist eindeutig: Das Beste für Alexander ist es, in seinem Zimmer zu ruhen. Das bedeutet ohne Zweifel auch, dass das Beste für Alexander die ewige Ruhe ist ...

Serapis: altägyptischer Gott der Heilung.

Nach zwölfeinhalb Jahren Herrschaft stirbt Alexander im Alter von 32 Jahren und acht Monaten. Er hinterlässt keine Nachkommen, aber Roxane ist im sechsten Monat schwanger. Außerdem hat er einen Halbbruder, der zwar Anspruch auf den Thron hat, jedoch schwachsinnig ist.

Dies hat zur Folge, dass nach seinem Tod eine erbitterte Auseinandersetzung um seine Nachfolge beginnt. Seine Generäle und Freunde sind sich uneinig, wer Alexanders Erbe antreten soll, einige unter ihnen streben sogar selbst die **Regentschaft** an ...

Regentschaft: Wenn der eigentliche König nicht selbst herrschen kann (z. B. weil er zu jung ist), übernimmt ein anderer (der Regent) für ihn diese Aufgabe.

Sarkophag: prachtvoller Sarg.

einbalsamiert: Der Körper wird mit ätherischen Ölen behandelt und mit Stoffbinden umwickelt, um ihn vor Verwesung zu schützen.

Mausoleum: Grabgebäude.

Unbesiegter Gott: der Titel, mit dem Alexander in Griechenland verehrt werden wollte.

Alexander selbst gerät bei den Streitigkeiten fast in Vergessenheit. Sein Körper ruht in einem goldenen **Sarkophag**. Erst am sechsten Tag nach seinem Tod wird er **einbalsamiert**. Bei den Wettkämpfen zu seinem Begräbnis stehen sich dieselben Gegner gegenüber wie bei Hephaistions Trauerfeier. So sind die beiden Freunde im Tode wieder vereint.

Schließlich wird ein prunkvoller Wagen gebaut, der seinen Körper nach Pella, der Hauptstadt Makedoniens, bringen soll. Doch selbst in dieser Frage gibt es Streit. Alexander war ein so mächtiger Mann, dass sogar sein Leichnam Macht ausstrahlt. Ptolemäus gelingt es, sich des toten Körpers zu bemächtigen, und er bringt ihn, anstatt nach Makedonien, nach Alexandria in Ägypten. Alexander wird in Alexandria in einem riesigen **Mausoleum** beigesetzt. Noch viele Jahre später huldigt man ihm, Alexander, dem **unbesiegten Gott**.

GÖTTER UND HELDEN werden unterschiedlich verehrt. Für die unsterblichen Götter werden in ganz Griechenland Kulthandlungen vollzogen. Helden oder Halbgötter mit nur einem göttlichen Elternteil hingegen werden nach ihrem Tod nur in ihrer Heimatstadt oder der Stadt, die sie gegründet haben, verehrt.

Herakles am Eingang des Olymp

Herakles

Herakles

Er ist ein zum Gott erwählter Held, der sich durch ungeheure Kraft und großen Mut auszeichnet. Doch Hera hasst ihn und erlegt ihm zwölf schwere Prüfungen auf, bei denen er große Qualen erleiden muss. Er stirbt geistig umnachtet und unter Schmerzen, doch Zeus ruft ihn an seine Seite in die Reihen der Götter.

Die Götter

Sie werden stets mit dem ihnen zugeordneten Gegenstand dargestellt. Zeus trägt einen Blitz, Poseidon seinen Dreizack, Hermes Flügelschuhe. Herakles hat meist ein Stück Löwenfell auf dem Kopf, das von seiner ersten Prüfung, dem Kampf mit dem Nemäischen Löwen, stammt.

Die Altäre der Götter

Sie sind mit Steinmetzarbeiten geschmückt, die von den Taten der Götter erzählen; ähnlich wie die Gräber der Helden, die oft selbst zu Kultstätten werden. Sie sind häufig Ziel von Prozessionen, bei denen man auf ihnen Geschenke ablegt oder Opfer darbringt.

Sizilianischer Altar zu Ehren Herakles' und Tritons

6.-5. Jh. v. Chr., Archäologisches Museum, Istanbul © Giraudon/Bridgeman

53 u: persische Bogenschützen, Terrakotta, 5. Jh. v. Chr., Susa, Louvre, Paris © Lewandowski/RMN; r: Palast von Persepolis, 5. Jh. v. Chr., Iran © Giraudon/Bridgeman

64 l: Kappadokien, Türkei © Jonathan Blair/Corbiss-Sygma; o, r: Nil © Ludovic Maisant/Corbis-Sygma; u: Herat, Afghanistan © Sven/Corbis-Sygma

65 u, l: Wüste, Usbekistan © W. Kaehler/Corbis-Sygma; o, r: Gebirge, Pakistan © Ric Ergenbriht/Corbis-Sygma; u, r: Pandschir, Zentralasien © Nevada Wier/Corbis-Sygma

76 l: Dionysos, attischer Stil, Marmor, Louvre, Paris © RMN; u: Satyr, ägyptische Bronze aus der hellenistischen Epoche, 2.-1. Jh. v. Chr., Louvre, Paris © Lewandowski/RMN

77 u: Mänade, ägyptische Bronze aus der hellenistischen Epo-

che, 2.-1. Jh. v. Chr., Louvre, Paris © Lewandowski, RMN ; o, l: Amphore, Dionysos, Satyr und Mänade, um 520-510 v. Chr., Louvre, Paris © Lewandowski/RMN; r: Vase, Bankett, 4. Jh. v. Chr., Louvre, Paris © Lewandowski/RMN

88 o, l: Hibiskus, Gismonde Curiace; l: Mönch, Gandhara, Hadda, Pakistan, Guimet Museum, Paris © Giraudon/Bridgeman; u, m: Kobra © Joe Mac Donald/Corbis-Sygma; o, r: Affe aus Rajasthan, Hanuman Langur © Jean-Louis Le Moine/Bios

89 u, l: Elefant zerstampft einen Krieger, Terrakotta, Myrina, Türkei, 2. Jh. v. Chr., Louvre, Paris © Gérard Blot/ RMN; o, m: Alexander mit Elefantenhaut auf dem Kopf, Münze, 2. Jh. v. Chr., Französische Nationalbibliothek, Archiv Gallimard; r: Brahmane, Gandhara, Stuck, Hadda, Pakistan, Guimet Museum, Paris © Arnaudet/RMN

100 l: Wal, F. Desbordes; o: Floß, Pakistan

© Roger Wood/Corbis-Sygma

101 o: Indus © Ric Ergenbright/Corbis-Sygma; m: Krokodil, F. Desbordes; u: Dinos, Schiff, 4.-6. Jh. v. Chr., Keramik, Louvre, Paris © Bulloz/RMN

112 l: Astarte, Alabaster, 3.-2. Jh. v. Chr., Louvre, Paris © P. Bernard/RMN; m: Tanagra-Figur, Louvre, Paris © Lewandowski/RMN; u: Vase mit Hochzeitsvorbereitungen, um 420-410 v. Chr., Louvre, Paris © Lewandowski/RMN

113 o: Frau mit Krone, Stuck, 4.-5. Jh. v. Chr., Hadda, Pakistan © Richard Lambert/RMN; r: Amazone, Bronze, 5. Jh. v. Chr., British Museum, London © Giraudon/Bridgeman

122 o, l: Amphore, Ankunft des Herakles auf dem Olymp, 3.-6. Jh. v. Chr., Louvre, Paris © Lewandowski/RMN; u: sizilianischer Altar, Herakles und Triton, Terrakotta, Louvre, Paris © Lewandowski/RMN; r: Herakles, Terra-

kotta, 5. Jh. v. Chr., Louvre, Paris © Michèle Bellot/RMN

123 l: Alexander der Große mit Helm, Marmor, 2. Jh. v. Chr., Louvre, Paris © Bulloz/RMN; r: Sarkophag von Sidon, Marmor, 4. Jh. v. Chr., Archäologisches Museum, Istanbul © E. Lessing/Magnum

124: Alexanderroman: tauchender Alexander, 15. Jh., Condé-Museum, Chantilly © Giraudon/Bridgeman

125: Aufnahme Alexanders ins Paradies, Pergamentmalerei, 18.-19. Jh., äthiopische Kunst, Museum für afrikanische und ozeanische Kunst, Paris © G. Vivien/RMN

Redaktionelle Leitung:
Françoise Favez
Künstlerische Leitung:
Elisabeth Cohat

ALEXANDER DER GROSSE (SUR LES TRACES DE ALEXANDRE LE GRAND)

Grafiker:
Christine Régnier
Riccardo Tremori
Redaktion:
Françoise Favez
Gestaltung:
Nathalie Casserre